Brigitte Sokop
Stammtafeln europäischer Herrscherhäuser

Brigitte Sokop

STAMMTAFELN EUROPÄISCHER HERRSCHERHÄUSER

Teil A: Register

2., völlig neu bearbeitete Auflage

BÖHLAU VERLAG WIEN · KÖLN · GRAZ

CIP-Titelaufnahme der Deutschen Bibliothek

Sokop, Brigitte:
Stammtafeln europäischer Herrscherhäuser / Brigitte Sokop. —
Wien ; Köln ; Graz : Böhlau.
ISBN 3-205-05160-2
NE: HST
Teil A. Register. — 2., völlig verb. überarb. Aufl. — 1989

Sokop, Brigitte:
Stammtafeln europäischer Herrscherhäuser / Brigitte Sokop. —
Wien ; Köln ; Graz : Böhlau.
ISBN 3-205-05160-2
NE: HST
Teil B. Stammtafeln. — 2., völlig verb. überarb. Aufl. — 1989

ISBN 3-205-05160-2

Das Werk ist urheberrechtlich geschützt.
Die dadurch begründeten Rechte, insbesondere die der Übersetzung,
des Nachdruckes, der Entnahme von Abbildungen,
der Funksendung, der Wiedergabe auf photomechanischem
oder ähnlichem Wege und der Speicherung in Datenverarbeitungsanlagen,
bleiben, auch bei nur auszugsweiser Verwertung, vorbehalten.

© 1989 by Böhlau Verlag Gesellschaft m. b. H. und Co. KG, Wien

Druck: Plöchl-Druck Ges. m. b. H. & Co. KG, Freistadt

VORWORT ZUR ZWEITEN AUFLAGE

Wenn dieses Buch nach zwölf Jahren neubearbeitet wieder erscheinen soll, so liegt der Grund hierfür auch in einem gesteigerten Interesse an Literatur über die Kaiserzeit, an historischen Biographien und Bildbänden. Der Leser dieser Bücher, der Schüler und Student, der interessierte Laie soll bei historischer Arbeit und Lektüre in diesen Stammtafeln eine rasche Grundinformation über Lebens- und Regierungsdaten von Regenten erhalten, über die Thronfolge und verwandtschaftliche Beziehungen innerhalb bedeutsamer Herrscherfamilien. Für intensivere genealogische Forschung bleibt „der Isenburg" weiterhin unentbehrlich, Fachleuten stehen die großen Spezialwerke in den Lesesälen zur Verfügung.

Zeitlich beginnen die Tafeln zu unterschiedlichen, im Hinblick auf die Rolle der einzelnen Familien in der europäischen Geschichte gewählten Zeitpunkten, sie wurden auf den entscheidenden geschichtlich relevanten Personenkreis eingeschränkt. Im allgemeinen wurden nicht mehr regierende Häuser mit der Kronprinzengeneration abgeschlossen, doch wurde von diesem Prinzip dann abgegangen, wenn sich in der nächsten Generation noch verwandtschaftliche Beziehungen zu einem bedeutenden Haus finden. Die Auswahl muß willkürlich sein, Vollständigkeit kann bei einem Werk dieses Umfangs nicht intendiert werden. Wichtig schien mir, Verflechtungen innerhalb der führenden europäischen Familien aufzuzeigen. Immer in Hinblick auf die praktische Verwendbarkeit bei der Zielgruppe wurde Wert darauf gelegt, prominent verheiratete Personen, die bereits in der Tafel der Eltern genannt wurden, in der Familie des Gatten aufzulisten. Auf die kleineren deutschen Fürstenhäuser wurde aus demselben Grund verzichtet.

Entgegen sonstiger genealogischer Grundsätze wurden um der zusätzlichen Information willen gelegentlich auch Reihen über weibliche Mitglieder eines Herrscherhauses fortgeführt, vor allem, wenn keine eigene Tafel der Familie des Gatten vorgesehen war. Verweise zur gleichen oder einer anderen Seite wurden nur dann angebracht, wenn die Linie dort mit Nachkommen fortgeführt wird. In anderen Fällen möge das Personenregister helfen. Neu ist ein alphabetisches Verzeichnis der Länder und jener Familien, die mit mindestens 3 Generationen vertreten sind.

Um die Übersichtlichkeit zu wahren, wurden weniger wichtige Verbindungen weggelassen, frühverstorbene Kinder nur dann erwähnt, wenn sie z.B. in der Erbfolge eine Rolle gespielt haben. Von der chronologischen Abfolge der einzelnen Geburten wurde gelegentlich aus technischen und graphischen Gründen abgegangen.

Da die Geschichte nicht 1918 endete, wurden der Vollständigkeit halber auch die Staatsoberhäupter der republikanischen Nachfolgestaaten aufgenommen. Auch das nehme man – unabhängig vom Titel der Sammlung – nur als zusätzliche Information.

Wien, Herbst 1987   Brigitte Sokop

ZEICHEN UND ABKÜRZUNGEN

*	Geburtsjahr	~	circa
†	Sterbejahr	–	bis
∞	eheliche Verbindung	⇌	Verweise zur gleichen Stammtafel
∾	außereheliche Verbindung	↓	Forts. auf folgender Stammtafel
		⋮	in weiterer Folge

abged.	abgedankt	Kg(e).	König(e)
abges.	abgesetzt	Kgr.	Königreich
Bar.	Baronin		
bzw.	beziehungsweise	Ks.	Kaiser
Bf.	Bischof	Lgf.	Landgraf
Bggf.	Burggraf	Mgf.	Markgraf
ca.	circa	n.	nach
d.	der, des	Pfgr.	Pfalzgraf
d.Ä.	der Ältere	Przn.	Prinzessin
d.J.	der Jüngere	Reg.	Regent, Regentschaft
dt.	deutsch	Rep.	Republik
Eb.	Erzbischof	röm.	römisch
f.	folgt (in der Reg.)	S.	Stammtafel
Fst.	Fürst	s.	bei Verweisen: siehe
geb.	geboren		bei Jahreszahlen: seit
Gem.	Gemahlin	s.a.	siehe auch
Gf.	Graf	sen.	senior
Gfst.	Großfürst	Statth.	Statthalter
Ghz.	Großherzog	v.	bei Jahreszahlen: vor
Hl.	Heilige		bei Namen: von
Hz.	Herzog	vertr.	vertrieben
Hzgt.	Herzogtum	verw.	verwitwet
Jh.	Jahrhundert	verz.	verzichtet
jun.	junior	vgl.	vergleiche
Kf.	Kurfürst	zw.	zwischen

Gegenpäpste und Gegenkönige in Klammern (Übersichten). Zahlen oberhalb von Namen bezeichnen, aus welcher Ehe der Nachkomme stammt. Sind keine Zahlen vorhanden, handelt es sich grundsätzlich um Kinder aus der ersten Ehe.

VERZEICHNIS DER STAMMTAFELN
(Teil B)

Karolinger	1
Ottonen (Liudolfinger, Sächsisches Haus)	2
Salier (Fränkisches Haus)	2
Welfen/Hohenstaufen	3
Babenberger (Österreich)	4
Steiermark/Kärnten/Tirol	5
Habsburg I (13. – 16. Jh.)	6
Habsburg II (16. – 18. Jh.)	7
Habsburg III (18. – 19. Jh.)	8
Habsburg IV (19. – 20. Jh.)	9
Liechtenstein	10
Luxemburger (Lützelburger), Böhmen-Luxemburg	11
Baden (15. – 20. Jh.)	12
Württemberg (16. – 20. Jh.)	13
Pfalz I (Wittelsbacher, Kurpfalz/Pfalz-Simmern)	14
Pfalz II (Pfalz-Zweibrücken/Pfalz-Neuburg/Birkenfeld-Zweibrücken)	15
Bayern I (Wittelsbacher)	16
Bayern II (Birkenfeld-Zweibrücken)	17
Hessen I (Hessen-Kassel/Hessen-Darmstadt bis 18. Jh.)	18
Hessen II (Hessen-Darmstadt 18. – 20. Jh.)	19
Braunschweig (Braunschweig-Wolfenbüttel/Braunschweig-Lüneburg)	20
Hannover	20
Sachsen I (Kursachsen/Kgr. Sachsen)	21
Sachsen II (Sachsen-Weimar, Sachsen-Coburg)	22
Mecklenburg (Mecklenburg-Strelitz/Mecklenburg-Schwerin)	23
Hohenzollern I (Hohenzollern-Sigmaringen/Brandenburg bis 17. Jh.)	24
Hohenzollern II (Preußen 17. – 19. Jh.)	25
Hohenzollern III (Preußen 19. – 20. Jh.)	26
Übersicht: Regenten Deutschlands und Österreichs	27
England I (Normannen/Anjou-Plantagenet)	28
England II (Lancaster/York/Tudor)	29
England III (Stuarts/Haus Hannover), Schottland (14. – 17. Jh., Stuarts)	30
England IV (Sachsen-Coburg bzw. Windsor)	31
Übersicht: Regenten Englands und Großbritanniens	32
Frankreich I (Kapetinger)	33
Frankreich II (Valois)	34
Frankreich III (Bourbonen)	35
Frankreich IV (Burgund 10. – 15. Jh.)	36
Frankreich V (Condé/Conti)	37
Frankreich VI (Orléans 17. – 20. Jh.)	38
Frankreich VII (Bonaparte)	39

Übersicht: Regenten Frankreichs	40
Monaco (Grimaldi-Goyon de Matignon)	41
Holland (12. – 15. Jh.), Oranien (16. – 19. Jh.)	42
Übersicht: Regenten der Niederlande	42
Niederlande (Kgr. 19. – 20. Jh., Nassau-Oranien), Luxemburg (Nassau)	43
Belgien (Sachsen-Coburg)	44
Übersicht: Regenten Belgiens	44
Skandinavien (1157–1448, Norwegen, Dänemark, Schweden, Unionskönige)	45
Dänemark I (Haus Oldenburg 15. – 18. Jh.)	46
Dänemark II (Oldenburg, Glücksburg, 18. – 20. Jh./Norwegen)	47
Übersicht: Regenten Dänemarks und Norwegens	48
Schweden I (Wasa/Pfalz-Zweibrücken/Hessen-Kassel)	49
Schweden II (Holstein-Gottorp)	50
Schweden III (Bernadotte)	51
Übersicht: Regenten Schwedens	52
Kastilien/Aragon (12. – 16. Jh.)	53
Spanien I (Habsburg)	54
Spanien II (Bourbon)	55
Übersicht: Regenten Spaniens	56
Portugal I (Burgund/Braganza 14. – 17. Jh.)	57
Portugal II (Braganza 17. – 20. Jh., Sachsen-Coburg)	58
Übersicht: Regenten Portugals	59
Savoyen/Savoyen-Carignan	60
Italien (Kgr. Savoyen), Übersicht: Regenten Italiens	61
Toscana (Medici/Habsburg-Lothringen)	62
Ferrara, Modena (Este, Österreich-Este), Mailand (Sforza)	63
Parma (Farnese/Bourbon)	64
Neapel/Sizilien (span. Bourbonen)	65
Übersicht: Päpste	66
Griechenland (Haus Glücksburg)	67
Übersicht: Regenten Griechenlands	67
Rumänien (Hohenzollern-Sigmaringen)	68
Bulgarien (Sachsen-Coburg)	68
Übersichten: Regenten Rumäniens und Bulgariens	68
Serbien/Montenegro (Jugoslawien)	69
Übersicht: Regenten Serbiens/Jugoslawiens	69
Ungarn (Arpaden/Anjou)	70
Übersicht: Regenten Ungarns	71
Böhmen (Přemysliden)	72
Übersicht: Regenten Böhmens und der Tschechoslowakei	72
Polen (Piasten/Jagellonen)	73
Übersicht: Regenten Polens	74
Rußland I (Romanow 17. – 19. Jh.)	75
Rußland II (Romanow 19. – 20. Jh.)	76
Übersicht: Regenten Rußlands	77

WEITERFÜHRENDE LITERATUR

Allgemeine Genealogie:

Armborst, Georg: Genealogische Streifzüge durch die Weltgeschichte. Bern: Francke. 1957 (Dalp-Taschenbuch 334)
Forst de Battaglia, O.: Wissenschaftliche Genealogie. Eine Einführung in die wichtigsten Grundprobleme. Bern: Francke. 1948 (Dalp-Taschenbuch 57)
Henning, Eckart u. Ribbe, Wolfgang: Handbuch der Genealogie. Neustadt/Aisch. 1972
Heydenreich, E.: Handbuch der praktischen Genealogie. 2 Bde., 1913
Hofmeister, A.: Genealogie und Familienforschung als Hilfswissenschaft der Geschichte. 1912
Isenburg, Wilhelm Karl: Historische Genealogie. München: Oldenburg. 1940
Klocke, Friedrich v.: Die Entwicklung der Genealogie vom Ende des 19. bis zur Mitte des 20. Jahrhunderts. Schellenberg (Berchtesgaden). 1950
Lorenz, Ottokar: Lehrbuch der gesamten wissenschaftlichen Genealogie. Berlin: Hertz. 1898

Tafelwerke:

Banniza v. Bazan, Heinrich und Müller, Richard: Deutsche Geschichte in Ahnentafeln. 2 Bde.
  Bd. 1: Aus Mittelalter und Neuzeit (–1800),
  Bd. 2: Die 1. Hälfte des 19. Jahrhunderts,
  Berlin: Metzner. 1929–1942
Gothaische Genealogische Taschenbücher, 180 Jgg., 1763–1943, 1951ff.
  Gräfliche Häuser 1825ff.,
  Freiherrliche Häuser 1866ff.,
  Adelige Häuser 1870ff.,
  Genealogisches Handbuch des Adels seit 1951 (Glücksburg),
  Gesamtverzeichnis der im Gothaischen Hofkalender und in den genealogischen Taschenbüchern behandelten Häuser,
  Gotha. 1927–1942
Grote, H.: Stammtafeln. Leipzig 1877
Isenburg, Wilhelm Karl, Prinz v.: Die Ahnen der deutschen Kaiser, Könige und ihrer Gemahlinnen. 1932
Isenburg, Wilhelm Karl: Stammtafeln zur Geschichte der europäischen Staaten. Ergänzt und herausgegeben v. Frank Baron Freytag v. Loringhoven.
  Bd. 1: deutsche Staaten,
  Bd. 2: außerdeutsche Staaten,
  Bde. 3/4: Ergänzungen und Erweiterungen (Loringhoven),
  Bde. 1/2 2. Aufl. 1953, Neudruck 1956; 3. Aufl. 1960,

Bde. 3/4 1955/1957,
Europäische Stammtafeln, Neue Folge, hrsg. v. Detlev Schwennicke 1980-84 Marburg: Stargardt
Kekule v. Stradonitz, St.: Ahnentafelatlas. Ahnentafeln zu 32 Ahnen der Regenten Europas und ihrer Gemahlinnen. 1898–1904
Lorenz, Ottokar: Genealogisches Handbuch der europäischen Staatengeschichte. Berlin: Hertz 3. Aufl. 1908
Voigtel, Traugott Gotthilf: Genealogische Tabellen zur Erläuterung der europäischen Staatengeschichte. 2 Bde. Halle: Hemmerde. 1811–1829
Voigtel, Traugott Gotthilf: Stammtafeln zur Geschichte der europäischen Staaten. Neu hrsg. v. L.A. Cohn, Braunschweig: Schwetschke. 2. Aufl. 1871

REGISTER NACH PERSONEN

Acciaiuoli, Laudomia; Gem. d. Peter Franz v. Florenz-Medici, S. 62
Adalbert v. Bayern 1886–1970, S. 17
- Georg v. Bayern 1828–1875, S. 17, 55
- v. Österreich (Babenberger) † 1055, S. 4, 70
- v. Preußen 1811–1873, S. 25
- v. Preußen 1884–1948, S. 26
- II. v. Tuscien † 915, S. 1
Adela v. Champagne † 1205; Gem. Ludwigs VII. v. Frankreich, S. 28, 33
- d. Normandie 1062–1137; Gem. Stephans v. Blois, S. 28
Adelaide s. Adelheid
Adelania v. Burgund † 963; Gem. Konrads III. v. Burgund, S. 36
Adelgunde v. Bayern 1823–1914; Gem. Franz' V. v. Este-Modena, S. 17, 63
- v. Bayern 1870–1958; Gem. Wilhelms v. Hohenzollern-Sigmaringen, S. 17, 24
Adelheid † nach 901; Gem. Ludwigs II. (Westreich), S. 1
- v. Anhalt 1833–1916; Gem. Adolfs v. Luxemburg, S. 18, 43
- v. Anjou † 1026; Gem. Ludwigs V. v. Frankreich, S. 1
- v. Burgund 931–999; Gem. Lothars III. v. Italien u. Ottos I. S. 1, 2, 36
- v. Braunschweig 1285–1320; Gem. Heinrichs VI. v. Kärnten, S. 5
- v. Frankreich † 1079; Gem. Balduins V. v. Flandern, S. 33
- Henriette Marie v. Savoyen 1636–1676; Gem. d. Ferdinand Maria v. Bayern, S. 16, 60
- v. Hessen † 1371; Gem. Kasimirs III. v. Polen, S. 73
- v. Hochburgund; Gem. Ludwigs III. v. Niederburgund, S. 1, 36
- v. Holland † 1284; Gem. Johanns I. v. Hennegau, S. 42
- v. Lothringen † nach 1183; Gem. Hugos III. v. Burgund, S. 36
- v. Meißen † 1071; Gem. Ernsts v. Österreich (Babenberger), S. 4
- v. Metz; Gem. Heinrichs v. Speyer, S. 2
- v. Österreich 1914–1971, S. 9
- v. Poitou † 1004; Gem. Hugo Capets, S. 33
- v. Polen † n. 997; Gem. Gezas u. Michaels v. Ungarn, S. 70
- (Adelaide) v. Sachsen-Meiningen 1792–1849; Gem. Wilhelms IV. v. England, S. 30
- v. Sachsen-Meiningen 1891–1971; Gem. Adalberts v. Preußen, S. 26
- v. Savoyen † 1154; Gem. Ludwigs VI. v. Frankreich, S. 33
- v. Schaumburg-Lippe 1821–1899; Gem. Friedrichs v. Schleswig-Holstein, S. 47
- (Adelaide) Sophie v. Löwenstein-Wertheim 1831–1909; Gem. Michaels v. Portugal, S. 58
- v. Tirol † ~ 1278; Gem. Meinhards I. v. Tirol, S. 5
- v. Zähringen † 1079; Gem. Ladislaus' I. v. Ungarn, S. 70
Adeodatus, Papst 672–676, S. 66
Adolf v. Cambridge 1774–1850, S. 18, 30
- Friedrich v. Mecklenburg-Schwerin 1873–1969, S. 23
- Friedrich I. v. Mecklenburg-Schwerin 1588–1658, S. 20, 23

Adolf Friedrich II. v. Mecklenburg-Strelitz 1658–1708, S. 23
- Friedrich III. v. Mecklenburg-Strelitz 1686–1752, S. 23
- Friedrich IV. v. Mecklenburg-Strelitz 1738–1794, S. 23
- Friedrich V. v. Mecklenburg-Strelitz 1848–1914, S. 23
- Friedrich VI. v. Mecklenburg-Strelitz 1882–1918, S. 23
- Friedrich v. Schweden 1710–1771, S. 25, 50, 52
- v. Holstein-Gottorp 1526–1586, S. 18, 46, 50
- v. Luxemburg 1817–1905, S. 18, 43
- v. Nassau † 1298, S. 27
- v. d. Pfalz 1300–1327, S. 3
- v. Schaumburg-Lippe 1859–1916, S. 26

Agapet I., Papst 535–536, S. 66
- II., Papst 946–955, S. 66

Agatho, Papst 678–681, S. 66

Agnes v. Baden 1250–1295; Gem. Ulrichs III. v. Kärnten, S. 4, 5
- v. Böhmen 1269–1296; Gem. Rudolfs II. v. Habsburg, S. 6, 72
- v. Bourbon † 1288; Gem. Johanns v. Burgund, S. 36
- v. Brandenburg † 1304; Gem. Eriks V. Klipping v. Dänemark, S. 45
- v. Burgund 1270–1323; Gem. Rudolfs I. v. Habsburg, S. 6, 36
- v. Burgund 1407–1476; Gem. Karls I. v. Bourbon, S. 36
- v. Franken 1075–1143; Gem. Friedrichs I. v. Schwaben u. Leopolds III. v. Österreich (Babenberger), S. 2, 3, 4
- v. Frankreich † 1327; Gem. Roberts II. v. Burgund, S. 33, 36
- v. Habsburg 1281–1364; Gem. Andreas' III. v. Ungarn, S. 6, 70
- v. Hannover 1201–1267; Gem. Ottos II. v. Bayern, S. 3
- Hedwig v. Anhalt † 1616; Gem. Johanns d. J. v. Sonderburg, S. 46
- v. Hohenstaufen 1177–1204; Gem. Heinrichs I. v. Hannover, S. 3
- v. Meran † 1201; Gem. Philipps II. August v. Frankreich, S. 33
- v. Meran † 1260/63; Gem. Friedrichs II. v. Österreich und Ulrichs III. v. Kärnten, S. 4, 5
- v. Österreich † 1182; Gem. Stephans III. v. Ungarn und Hermanns II. v. Kärnten, S. 4, 5, 70
- v. Österreich-Toscana * 1928; Gem. Karl Alfreds v. Liechtenstein, S. 10, 62
- v. Ostfriesland † 1616; Gem. d. Gundakar v. Liechtenstein, S. 10
- v. Poitiers † 1184; Gem. Belas III. v. Ungarn, S. 70
- v. Poitou 1020–1077; Gem. Heinrichs III., S. 2
- v. Saarbrücken; Gem. Friedrichs II. v. Schwaben, S. 3
- v. Solms-Laubach † 1602; Gem. Moritz' v. Hessen-Kassel, S. 18
- v. Thüringen † ~ 1247; Gem. Heinrichs v. Österreich, S. 4

Albani, Gian Francesco (Papst Clemens XI.), S. 66

Albert s. a. Albrecht

Albert, Gegenpapst 1102, S. 66
- I. v. Belgien 1875–1934, S. 17, 44
- v. Belgien * 1934, S. 44
- Kasimir v. Sachsen-Teschen 1738–1822, S. 8, 21

Albert I. v. Monaco 1848–1922, S. 41
- v. Monaco * 1958, S. 41
- v. Sachsen 1828–1902, S. 21, 50
- v. Sachsen-Coburg-Gotha 1819–1861, S. 22, 30, 31, 44
- IV. v. Tirol † 1253, S. 5
Albert, Jeanne d' 1670–1736, S. 60
Albertine Friederike v. Baden-Durlach 1682–1755; Gem. d. Christian August v. Holstein-Gottorp, S. 12, 50
Albrecht s. a. Albert
Albrecht III. v. Bayern 1401–1460, S. 16
- IV. v. Bayern 1447–1508, S. 6, 16
- V. v. Bayern, der Großmütige 1528–1579, S. 7, 16
- VI. v. Bayern 1584–1666, S. 16
- v. Bayern * 1905, S. 17
- I. v. Braunschweig 1236–1279, S. 3
- Eugen v. Württemberg 1895–1954, S. 13, 68
- I. v. Habsburg 1248–1308, S. 5, 6, 27
- II. v. Habsburg 1298–1358, S. 6
- III. v. Habsburg 1348–1395, S. 6, 11, 24
- IV. v. Habsburg 1377–1404, S. 6, 16
- V. v. Habsburg (II. v. Österreich) 1397–1439, S. 6, 11, 27, 71, 72
- VI. v. Habsburg 1418–1463, S. 6, 14
- VII. v. Habsburg 1559–1621, S. 7, 54
- v. Holland und Bayern 1336–1404, S. 16, 42
- II. v. Mecklenburg † 1379, S. 45
- III. v. Mecklenburg † 1394, S. 45, 52
- II. v. Österreich (V. v. Habsburg) 1397–1439, S. 6, 11, 27, 71, 72
- v. Österreich 1817–1895, S. 8, 17
- v. Preußen 1809–1872, S. 25, 43
- v. Preußen 1837–1906, S. 20, 25
- III. v. Sachsen 1443–1500, S. 6
- v. Württemberg 1865–1939, S. 9, 13
Albret, Heinrich II. d', v. Navarra 1503–1555, S. 34
- Johanna d' 1528–1572; Gem. Antons v. Bourbon, S. 34, 35
Albuquerque, Eleonore 1374–1435; Gem. Ferdinands I. v. Aragon, S. 53
Alda; Gem. Hugos v. Italien, S. 1
Aldobrandini, Ippolito (Papst Clemens VIII.) S. 66
- Margaretha 1585–1646; Gem. Rainutios I. v. Parma, S. 64
Aldona Anna v. Litauen † 1339; Gem. Kasimirs III. v. Polen, S. 73
Alençon, Franziska v. † 1550; Gem. Karls v. Bourbon, S. 35, 37
- Karl v. 1489–1525, S. 34
- Orléans, Ferdinand v. 1844–1910, S. 17, 38
Alexander I., Papst 105–115, S. 66
- II., Papst 1061–1073, S. 66
- III., Papst 1159–1181 (Roland Bandinelli), S. 66

Alexander IV., Papst 1254–1261, S. 66
- V., Gegenpapst 1409/10, S. 66
- VI., Papst 1492–1503 (Rodrigo Borgia), S. 64, 66
- VII., Papst 1655–1667, S. 66
- VIII., Papst 1689–1691, S. 66
- v. Belgien * 1942, S. 44
- v. Bulgarien (Battenberg) 1857–1893, S. 19, 68
- Farnese (Papst Paul III.), S. 64, 66
- Farnese v. Parma 1545–1592, S. 57, 64
- v. Griechenland 1893–1920, S. 67
- v. Hessen-Darmstadt 1823–1888, S. 19
- v. Jugoslawien * 1924, S. 61, 69
- v. Jugoslawien * 1945, S. 38, 69
- I. v. Jugoslawien 1888–1934, S. 68, 69
- I. Karadjordjević v. Serbien 1806–1885, S. 69
- Medici v. Florenz 1511–1537, S. 54, 62
- Michailowitsch v. Rußland 1866–1933, S. 76
- I. Obrenović v. Serbien 1876–1903, S. 69
- v. Pfalz-Zweibrücken 1462–1514, S. 14
- v. Polen 1461–1506, S. 73, 74
- I. v. Rußland 1777–1825, S. 12, 75, 77
- II. v. Rußland 1818–1881, S. 19, 76, 77
- III. v. Rußland 1845–1894, S. 47, 76, 77
- II. v. Schottland 1198–1249, S. 28
- III. v. Schottland 1241–1286, S. 28
- v. Württemberg 1771–1833, S. 13, 44
- v. Württemberg 1804–1881, S. 13, 38
- v. Württemberg 1804–1885, S. 13

Alexandra v. Dänemark 1844–1925; Gem. Eduards VII. v. England, S. 31, 47
- v. Hannover 1882–1963; Gem. Friedrich Franz' IV. v. Mecklenburg-Schwerin, S. 20, 23
- v. Griechenland 1870–1891; Gem. d. Paul Alexandrowitsch, S. 67, 76
- v. Griechenland * 1921; Gem. Peters II. v. Jugoslawien, S. 67, 69
- v. Kent * 1936; Gem. d. Angus Ogilvy, S. 31
- v. Oldenburg 1838–1900; Gem. d. Nikolaus Nikolajewitsch, S. 76
- v. Rußland 1783–1801; Gem. Josephs v. Österreich, S. 8, 75
- v. Sachsen-Altenburg 1830–1911; Gem. d. Konstantin Nikolajewitsch, S. 76
- v. Sachsen-Coburg 1878–1942; Gem. d. Ernst v. Hohenlohe-Langenburg, S. 31
- v. Schleswig-Holstein 1887–1957; Gem. August Wilhelms v. Preußen, S. 26, 47

Alexandrine v. Baden 1820–1904; Gem. Ernsts II. v. Sachsen-Coburg, S. 12, 22, 44
- v. Mecklenburg-Schwerin 1879–1952; Gem. Christians X. v. Dänemark, S. 23, 47
- v. Preußen 1803–1892; Gem. d. Paul Friedrich v. Mecklenburg-Schwerin, S. 23, 25
- v. Preußen 1842–1906; Gem. Wilhelms v. Mecklenburg-Schwerin, S. 23, 25

Alexej Nikolajewitsch v. Rußland 1904–1918, S. 76
- Petrowitsch v. Rußland 1690–1718, S. 20, 75
- v. Rußland 1629–1676, S. 75, 77
Alexia v. Griechenland * 1965, S. 67
Alfons, Alfonso s. Alphons
Alfred der Große v. Angelsachsen, Kg. v. England 871–899, S. 28
- v. Edinburg 1844–1900, S. 22, 31, 76
- v. Liechtenstein 1842–1907, S. 10
- v. Liechtenstein 1875–1930, S. 10
Alice v. England 1843–1878; Gem. Ludwigs IV. v. Hessen-Darmstadt, S. 19, 31
- v. England 1883–1981; Gem. Alexanders v. Teck, S. 13, 31
- v. Hessen-Darmstadt 1872–1918; Gem. Nikolaus' II. v. Rußland, S. 19, 76
Alix v. Parma 1849–1935; Gem. Ferdinands IV. v. Toscana, S. 62, 64
Almeida, Antonio José d', Staatspräsident von Portugal 1919–1923, S. 59
Almos v. Ungarn † 1129, S. 70
Alois v. Liechtenstein * 1968, S. 10
Aloys v. Liechtenstein 1869–1955, S. 9, 10
- I. v. Liechtenstein 1759–1805, S. 10
- II. v. Liechtenstein 1796–1858, S. 10
Alphons (Alfonso), II. v. Aragon 1157–1196, S. 53
- III. v. Aragon 1265–1291, S. 3
- V. v. Aragon 1394–1458, S. 53
- (Alfonso) v. Bourbon-Dampierre * 1936, S. 55
- I. v. Braganza 1370–1461, S. 57
- v. Este-Ferrara 1527–1587, S. 63
- I. v. Este-Ferrara 1476–1534, S. 63
- II. v. Este-Ferrara 1533–1597, S. 7, 62, 63
- I. (III.) v. Este-Modena 1591–1644, S. 60, 63
- II. v. Este-Modena 1634–1662, S. 63
- VII. v. Kastilien und Leon 1105–1157, S. 53
- VIII. v. Kastilien 1155–1214, S. 28, 53
- IX. v. Kastilien und Leon 1166–1230, S. 53
- X. v. Kastilien und Leon 1221–1284, S. 3, 27, 53
- XI. v. Kastilien und Leon 1311–1350, S. 53
- Maria v. Bayern 1862–1933, S. 17, 38
- v. Orléans 1886–1975, S. 31, 38
- v. Portiers 1220–1271, S. 33
- v. Portugal 1475–1491, S. 53, 57
- V. v. Portugal 1432–1481, S. 57, 59
- VI. v. Portugal 1643–1683, S. 58, 59
- v. Provence 1180–1209, S. 53
- v. Spanien (Alfonso-Carlos I.) 1849–1936, S. 55
- v. Spanien * 1973, S. 55
- XII. v. Spanien 1857–1885, S. 8, 38, 55, 56
- XIII. v. Spanien 1886–1941, S. 19, 55, 56

Altieri, Emilio (Papst Clemens X.), S. 66
Amadeus I. v. Savoyen 1845–1890, S. 39, 56, 61
- v. Savoyen-Aosta 1898–1942, S. 38, 61
- v. Savoyen-Aosta * 1943, S. 38, 61
- VIII. von Savoyen † 1451 (Gegenpapst Felix V.), S. 60, 66
Amalia v. Sachsen-Coburg 1848–1894; Gem. d. Maximilian Emanuel in Bayern, S. 17, 44
Amalie Auguste v. Bayern 1801–1877; Gem. Johanns I. v. Sachsen, S. 17, 21
- Elisabeth v. Hanau 1602–1651; Gem. Wilhelms V. v. Hessen-Kassel, S. 18, 42
- Elisabeth v. d. Pfalz (Ameliese) 1663–1709, S. 14
- v. Hessen-Darmstadt 1754–1832; Gem. Karl Ludwigs v. Baden, S. 12, 19
- Marie v. Oldenburg 1818–1875; Gem. Ottos v. Griechenland, S. 17
- v. Nassau-Siegen † 1669; Gem. d. Christian August v. Sulzbach, S. 15
- Philippa v. Spanien 1834–1905; Gem. Adalbert Georgs v. Bayern, S. 17, 55
- v. Preußen 1723–1787, S. 25
- v. Württemberg 1799–1848; Gem. Josephs v. Sachsen-Altenburg, S. 13, 23
Ambler, John * 1924, S. 51
Amsberg, Claus v. * 1926, S. 43
Anaklet I., Gegenpapst ~ 76–88, S. 66
- II., Gegenpapst 1130–1138, S. 66
Anastasia v. Kiew † nach 1074; Gem. Andreas' I. v. Ungarn, S. 70
- Martinović v. Montenegro 1824–1895; Gem. d. Mirko v. Montenegro, S. 69
- Michailowna v. Rußland 1860–1922; Gem. Friedrich Franz' III. v. Mecklenburg-Schwerin, S. 23, 76
- v. Montenegro 1868–1935; Gem. d. Georg Romanowsky v. Leuchtenberg und d. Nikolaus v. Rußland, S. 39, 69, 76
- Nikolaijewna v. Rußland 1901–1918, S. 76
Anastasius I., Papst 399–401, S. 66
- II., Papst 496–498, S. 66
- III., Gegenpapst 855, S. 66
- III., Papst 911–913, S. 66
- IV., Papst 1153–1154, S. 66
Andreas (Andrew) v. England * 1960, S. 31
- v. Griechenland 1882–1944, S. 19, 67
- v. Ungarn 1327–1345, S. 70
- I. v. Ungarn † 1061, S. 70, 71
- II. v. Ungarn 1176–1235, S. 70, 71
- III. v. Ungarn † 1301, S. 6, 70, 71
Andrew s. Andreas
Andropow, Juri, Staatsoberhaupt d. UdSSR 1983–1984, S. 77
Angelika Katharina v. Este 1656–1722; Gem. d. Emanuel Philibert v. Savoyen-Carignan, S. 60, 63
Angoulême, Isabella v. † 1246; Gem. Johanns I. v. England, S. 28
- Johann v. 1404–1467, S. 34
- Karl v. 1459–1496, S. 34

Angoulême, Ludwig Anton (Louis Antoine) 1775–1844, S. 35
- Marie Therese (v. Frankreich, Madame Royal) 1778–1851; Gem. d. Louis Antoine v. Angoulême, S. 35

Anicetus, Papst 155–166, S. 66

Anna Amalie v. Braunschweig-Wolfenbüttel 1739–1807; Gem. Ernst Augusts II. v. Sachsen-Weimar, S. 20, 22
- v. Baden-Durlach; Gem. Karls I. v. Hohenzollern, S. 24
- v. Böhmen 1290–1313; Gem. Heinrichs VI. v. Kärnten, S. 5, 72
- v. Böhmen 1319–1338; Gem. Ottos v. Habsburg, S. 6, 11
- v. Böhmen-Luxemburg 1366–1394; Gem. Richards II. v. England, S. 11, 29
- v. Bourbon-Parma * 1923; Gem. Michaels I. v. Rumänien, S. 64, 68
- v. Brandenburg † 1514; Gem. Friedrichs I. v. Dänemark, S. 46
- v. Braunschweig † 1432; Gem. Friedrichs IV. v. Habsburg, S. 6
- v. Braunschweig † 1474; Gem. Albrechts III. v. Bayern, S. 16
- de Bretagne 1476–1514; Gem. Karls VIII. u. Ludwigs XII. v. Frankreich, S. 34
- Charlotte v. Nassau-Dietz 1710–1777; Gem. Friedrichs v. Baden, S. 12, 42
- v. Cleve † 1557; Gem. Heinrichs VIII. v. England, S. 29
- v. Dänemark 1574–1619; Gem. Jakobs I. v. England, S. 30, 46
- Dorothea v. Salm 1614–1655; Gem. Eberhards III. v. Württemberg, S. 13
- v. Egmont und Büren † 1558; Gem. Wilhelms I. v. Oranien, S. 42
- Eleonore v. Hessen-Darmstadt 1601–1659; Gem. Georgs v. Braunschweig-Calenberg, S. 18, 20
- v. England 1665–1714; Gem. Georgs v. Dänemark, S. 30, 32, 46
- v. England 1709–1759; Gem. Wilhelms IV. v. Oranien, S. 30, 42
- v. Frankreich * 1906; Gem. d. Amadeus v. Savoyen-Aosta, S. 38, 61
- v. Habsburg (Gertrud v. Hohenberg) 1225–1281; Gem. Rudolfs I. v. Habsburg, S. 6
- v. Hessen 1529–1591; Gem. d. Wolfgang v. Pfalz-Zweibrücken, S. 14, 15, 18
- v. Hessen-Darmstadt 1843–1865; Gem. Friedrich Franz' II. v. Mecklenburg-Schwerin, S. 19, 23
- Iwanowa v. Rußland 1693–1740; Gem. Friedrich Wilhelms v. Kurland, S. 75, 77
- v. Jülich 1552–1632; Gem. Philipp Ludwigs v. Pfalz-Neuburg, S. 15
- Karlowna (Elisabeth v. Mecklenburg-Schwerin) † 1746; Gem. Anton Ulrichs v. Braunschweig-Wolfenbüttel, S. 20, 75
- Katharina v. Brandenburg 1575–1612; Gem. Christians IV. v. Dänemark, S. 24, 46
- v. Kiew † 1075; Gem. Heinrichs I. v. Frankreich, S. 33
- Maria Ludovica v. Toscana 1667–1743; Gem. Johann Wilhelms v. d. Pfalz, S. 15, 62
- Maria v. Österreich (Spanien) 1601–1666; Gem. Ludwigs XIII. v. Frankreich, S. 35, 54
- Maria v. Schweden 1545–1610; Gem. Georg Johanns v. Pfalz-Veldenz, S. 14, 49
- Marie Franziska v. Sachsen-Lauenburg 1672–1741; Gem. Philipp Wilhelms v. Pfalz-Neuburg und d. Johann Gaston Medici v. Toscana, S. 15, 62

Anna Marie v. Liechtenstein 1699–1753; Gem. d. Joseph Wenzel v. Liechtenstein, S. 10
- Marie v. Ostfriesland 1601–1634; Gem. Adolf Friedrichs I. v. Mecklenburg, S. 23
- v. Medici 1616–1676; Gem. d. Ferdinand Karl v. Österreich, S. 7, 62
- v. Montenegro 1874–1971; Gem. Franz Josephs v. Battenberg, S. 19, 69
- v. Österreich 1432–1462; Gem. Wilhelms III. v. Sachsen, S. 6
- v. Österreich 1528–1590; Gem. Albrechts V. v. Bayern, S. 7, 16
- v. Österreich 1549–1580; Gem. Philipps II. v. Spanien, S. 7, 54
- v. Österreich 1573–1598; Gem. d. Sigismund v. Schweden (Polen), S. 7, 49, 73
- Paulowna v. Rußland 1795–1865; Gem. Wilhelms II. d. Niederlande, S. 43, 75
- v. d. Pfalz 1329–1353; Gem. Karls IV. v. Luxemburg-Böhmen, S. 11
- v. Polen † 1425; Gem. Wilhelms v. Cillé, S. 73
- v. Polen 1523–1596; Gem. Stephan Báthorys v. Siebenbürgen, S. 73
- v. Preußen 1576–1625; Gem. d. Johann Sigismund v. Brandenburg, S. 24
- v. Preußen 1836–1918; Gem. Friedrich Wilhelms v. Hessen-Kassel, S. 18, 25
- v. Rußland 1708–1728; Gem. Karl Friedrichs v. Holstein-Gottorp, S. 50, 75
- v. Rußland (Elisabeth v. Mecklenburg-Schwerin) † 1746; Gem. Anton Ulrichs v. Braunschweig-Wolfenbüttel, S. 20, 75
- v. Sachsen † 1576; Gem. Wilhelms I. v. Oranien, S. 42
- v. Sachsen 1836–1859; Gem. Ferdinands IV. v. Toscana, S. 21, 62
- Sforza v. Mailand 1473–1497; Gem. Alphons I. v. Este-Ferrara, S. 63
- Sophie v. Dänemark 1647–1717; Gem. Johann Georgs III. v. Sachsen, S. 21, 46
- v. Tirol 1585–1618; Gem. d. Matthias v. Österreich, S. 7
- v. Ungarn-Böhmen 1503–1547; Gem. Ferdinands I. v. Österreich, S. 7, 73
- Victoria v. Soissons 1684–1763, S. 60

Anne v. England * 1950; Gem. Mark Phillips', S. 31
- Geneviève de Condé 1619–1679; Gem. Heinrichs II. v. Longueville, S. 37
- Luise Benedicte de Condé 1676–1755; Gem. Ludwig Augusts v. Maine, S. 35, 37
- Marie v. Orléans 1669–1728; Gem. Viktor Amadeus' II. v. Savoyen, S. 38, 60
- v. d. Pfalz 1648–1723; Gem. Heinrichs III. Julius v. Condé, S. 14, 37

Annemarie v. Dänemark * 1946; Gem. Konstantins II. v. Griechenland, S. 47, 67
Ansegisel † 685, S. 1
Ansgarde v. Burgund † nach 879; Gem. Ludwigs II. (Westreich), S. 1
Anterus, Papst 235–236, S. 66
Antoinette Amalie v. Braunschweig 1696–1762; Gem. Ferdinand Albrechts II. v. Braunschweig-Wolfenbüttel, S. 20
- v. Monaco * 1920, S. 41
- v. Sachsen-Saalfeld 1779–1824; Gem. Alexanders v. Württemberg, S. 13, 44

Anton v. Bourbon 1518–1562, S. 34, 35
- v. Brabant 1384–1415, S. 36
- v. Braganza 1714–1800, S. 58
- Florian v. Liechtenstein 1656–1721, S. 10
- Franz Farnese v. Parma 1679–1731, S. 64
- Grimaldi v. Monaco 1661–1731, S. 41
- v. Österreich-Toscana 1901–1987, S. 55, 68

Anton v. Orléans 1866–1930, S. 38, 55
- (Antonio) Pascal v. Spanien 1755–1817, S. 55
- v. Sachsen 1755–1836, S. 8, 21, 60
- Ulrich v. Braunschweig-Wolfenbüttel 1633–1714, S. 20
- Ulrich v. Braunschweig-Wolfenbüttel 1714–1774, S. 20, 75
Antonescu, Jon; Diktator v. Rumänien 1940–1944, S. 68
Antonia v. Luxemburg-Nassau 1899–1954; Gem. Rupprechts v. Bayern, S. 17, 43
- v. Portugal 1845–1913; Gem. Leopolds v. Hohenzollern-Sigmaringen, S. 24, 58, 68
- v. Sizilien 1851–1938; Gem. Alphons' v. Caserta, S. 65
Arco, Ludwig von † 1854, S. 63
Arenberg, Amalie v. † 1823; Gem. d. Pius v. Birkenfeld-Gelnhausen, S. 15
- Anna v. * 1925; Gem. d. Felix v. Habsburg-Lothringen, S. 9
Aribert v. Anhalt 1864–1933, S. 47
Armand de Conti 1629–1666, S. 37
Armstrong-Jones, Anthony * 1930, S. 31
- David (Viscount Linley) * 1961, S. 31
- Sarah * 1964, S. 31
Arnulf v. Bayern, Gegenkönig 919–921, S. 27
- Franz Joseph v. Bayern 1852–1907, S. 10, 17
- v. Kärnten 850–899, S. 1, 27
Arpad v. Ungarn † 907, S. 70
Arriaga, Manuel d', Staatspräsident v. Portugal 1911–1915, S. 59
Arsen v. Serbien 1859–1938, S. 69
Arthur v. England (Hz. v. Connaught) 1850–1942, S. 25, 31
- v. Wales 1486–1502, S. 29, 53
Ashley, Edwina 1901–1960; Gem. d. Louis Mounthatten of Burma, S. 19
Astrid v. Belgien * 1962, S. 9, 44
- v. Norwegen * 1932; Gem. Johann Martin Ferners, S. 47
- v. Schweden 1905–1935; Gem. Leopolds III. v. Belgien, S. 44, 51
August v. Braunschweig-Wolfenbüttel 1579–1666, S. 20
- Georg v. Baden-Baden 1706–1771, S. 12
- v. Oldenburg 1852–1931, S. 25
- II. v. Polen, der Starke (Friedrich August I. v. Sachsen) 1670–1733, S. 21, 74
- III. v. Polen (Friedrich August II. v. Sachsen) 1696–1763, S. 8, 21, 74
- v. Sachsen-Altenburg 1772–1822, S. 23
- v. Sachsen-Coburg 1818–1881, S. 38, 44
- v. Sachsen-Coburg 1845–1907, S. 44, 58
- v. Schweden 1831–1873, S. 51
- v. Sulzbach 1582–1632, S. 15, 50
- Wilhelm v. Braunschweig-Wolfenbüttel 1662–1731, S. 20
- Wilhelm v. Preußen 1722–1758, S. 20, 25
- Wilhelm v. Preußen 1887–1949, S. 26, 47
Augusta v. Dänemark 1580–1639; Gem. d. Johann Adolf v. Holstein-Gottorp, S. 46, 50

Augusta v. Hessen-Kassel 1797–1889; Gem. Adolfs v. Cambridge, S. 18, 30
- Maria v. Baden 1704–1726; Gem. Ludwigs I. v. Orléans, S. 12, 38
- Maria v. Holstein-Gottorp 1649–1728; Gem. Friedrichs VII. v. Baden, S. 12, 50
- v. Sachsen-Gotha † 1772; Gem. d. Friedrich Ludwig v. Wales, S. 30
- v. Sachsen-Weimar 1811–1890; Gem. Wilhelms I. v. Preußen, S. 22, 25
- Viktoria v. Hohenzollern-Sigmaringen 1890–1966; Gem. Emanuels II. v. Portugal, S. 24, 58

Auguste Amalia v. Bayern 1788–1851; Gem. Eugens de Beauharnais, S. 17, 39
- v. Braunschweig-Wolfenbüttel 1764–1788; Gem. Friedrichs I. v. Württemberg, S. 13, 20
- v. Cambridge 1822–1916; Gem. Friedrich Wilhelms v. Mecklenburg-Strelitz, S. 23, 30
- Ferdinande v. Österreich-Toscana 1825–1864; Gem. Luitpolds v. Bayern, S. 17, 62
- Friederike v. England 1737–1813; Gem. Karls II. v. Braunschweig-Wolfenbüttel, S. 20, 30
- v. Preußen 1780–1841; Gem. Wilhelms II. v. Hessen-Kassel, S. 18, 25
- Viktoria v. Holstein-Augustenburg 1858–1921; Gem. Wilhelms II. v. Preußen, S. 26, 47
- Wilhelmine v. Hessen-Darmstadt 1765–1796; Gem. Maximilians I. Joseph v. Bayern, S. 15, 17, 18

Aumont, Louise d' 1759–1826; Gem. Honorés IV. v. Monaco, S. 41
Aurillac, Gerbert v. (Papst Silvester II.), S. 66
Auriol, Vincent, Staatspräsident v. Frankreich 1947–1954, S. 40
Axel v. Dänemark 1888–1964, S. 47, 51
Azaña, Manuel, Staatspräsident v. Spanien 1936, S. 56
Azzo II. v. Este † 1097, S. 3

Bacciochi, Pasquale † 1841, S. 39
Baels, Marie Lilian (Réthy) * 1916; Gem. Leopolds III. v. Belgien, S. 44
Bagration, Leonida * 1914; Gem. d. Wladimir Kirillowitsch, S. 76
Balduin s. a. Baudouin
Balduin V. v. Flandern † 1067, S. 33
- v. Luxemburg 1285–1354, S. 11
Balfour, Neil * 1944, S. 69
Balkány, Robert Zellinger de * 1931, S. 61
Balthasar Carlos v. Spanien 1629–1646, S. 54
Bamberg, Suidger v. (Papst Clemens II.), S. 66
Bandinelli, Roland (Papst Alexander III.), S. 66
Bar, Margarethe v. † 1275; Gem. Heinrichs II. v. Luxemburg, S. 11
Barbara v. Hessen 1536–1597; Gem. Georgs I. v. Württemberg, S. 13, 18
- v. Liechtenstein * 1942; Gem. Alexanders v. Jugoslawien, S. 69
- v. Österreich 1539–1572; Gem. Alphons II. v. Este, S. 7, 63
- v. Polen 1478–1534; Gem. Georgs v. Sachsen, S. 6, 73

Barbara v. Preußen * 1920; Gem. Christian Ludwigs v. Mecklenburg, S. 23, 26
- Sophie v. Brandenburg 1584–1636; Gem. Johann Friedrichs v. Württemberg, S. 13, 24
- v. Württemberg 1593–1627; Gem. Friedrichs V. v. Baden, S. 12, 13
Barberini, Lukretia † 1699; Gem. Franz' I. v. Este-Modena, S. 63
Barbo, Pietro (Papst Paul II.), S. 66
Bardi, Contessina v.; Gem. d. Cosimo v. Florenz-Medici, S. 62
Barrio, Diego Martinez, Staatsoberhaupt v. Spanien 1936, S. 56
Bassewitz, Ina Marie v. 1888–1973; Gem. Oskars v. Preußen, S. 26
Battenberg s. a. Mountbatten (seit 1917)
Battenberg, Alexander v. 1857–1893, S. 19, 68
- Alice v. 1885–1969; Gem. Andreas' v. Griechenland, S. 19, 67
- Franz Joseph v. 1861–1924, S. 19, 69
- Heinrich v. 1858–1896, S. 19, 31
- Julie (Haucke) v. 1825–1895; Gem. Alexanders v. Hessen-Darmstadt, S. 19
- Ludwig v. (Mountbatten) 1854–1921, S. 19
- Viktoria Eugenia v. 1887–1969; Gem. Alphons' XIII. v. Spanien, S. 19, 55
Batthyány, Juliane Gfn. 1827–1871; Gem. Wilhelm Albrechts v. Montenuovo, S. 8
Baudouin I. v. Belgien * 1930, S. 44
Beatrice v. England 1857–1944; Gem. Heinrichs v. Battenberg, S. 19, 31
- v. Sachsen-Coburg 1884–1966; Gem. d. Alphons v. Orléans, S. 31, 38
- v. Savoyen † 1266; Gem. Raimunds v. Provence, S. 53
Beatrix v. Baden † 1535; Gem. Johanns II. v. Pfalz-Simmern, S. 12, 14
- v. Bayern 1344–1359; Gem. Erichs XII. v. Schweden, S. 16, 42, 45
- v. Böhmen † 1286; Gem. Ottos III. v. Brandenburg, S. 72
- v. Bourbon † 1310; Gem. Roberts v. Clermont, S. 33, 35, 36
- v. Bourbon † 1383; Gem. Johanns v. Böhmen-Luxemburg, S. 11
- v. Burgund † 1184; Gem. Friedrichs I. v. Hohenstaufen, S. 3
- v. Este † 1245; Gem. Andreas' II. v. Ungarn, S. 70
- v. Este-Ferrara 1475–1497; Gem. d. Ludwig Sforza v. Mailand, S. 63
- v. Flandern † 1291; Gem. Florenz' V. v. Holland, S. 42
- v. Hohenzollern † 1414; Gem. Albrechts III. v. Habsburg, S. 6, 24
- v. Luxemburg 1305–1319; Gem. Karls I. v. Ungarn (Karl Robert), S. 11, 70
- v. Navarra † 1295; Gem. Hugos IV. v. Burgund, S. 36
- d. Niederlande * 1938; Gem. Claus' v. Amsberg, S. 42, 43
- v. Portugal † 1506; Gem. d. Ferdinand de Viseu, S. 57
- v. Provence † 1267; Gem. Karls I. v. Anjou, S. 33, 53
- v. Savoyen † vor 1259; Gem. Manfreds v. Sizilien, S. 3
- v. Savoyen 1792–1840; Gem. Franz' IV. v. Este-Modena, S. 60, 63
- v. Schwaben 1198–1212; Gem. Ottos IV., S. 3
- v. Sizilien † 1365; Gem. Ruprechts II. v. d. Pfalz, S. 3, 14
Beauchamp, Margaret † 1482; Gem. Johann Beauforts, S. 29
Beaufort, Johann sen. † 1410, S. 29
- Johann, jun. † 1444, S. 29
- Margarethe 1441–1509; Gem. d. Edmund Tudor, S. 29, 34

Beaufort, Joan † 1445; Gem. Jakobs I. v. Schottland, S. 29, 30
- Pierre Roger de (Papst Gregor XI.), S. 66
Beauharnais, Eugène de (v. Leuchtenberg) 1781–1824, S. 17, 39
- Hortense de 1783–1837; Gem. d. Louis Bonaparte, S. 39
- Josephine de (Tascher de la Pagerie) 1763–1814; Gem. Napoleons I., S. 39
- Stephanie de 1789–1860; Gem. Karls v. Baden, S. 12, 39
Beaumont, Beatrix v. † 1320; Gem. Heinrichs III. v. Luxemburg, S. 11
Beauvais, Urania v. 1655–1717; Gem. d. Ludwig Thomas v. Savoyen-Carignan, S. 60
Begga † 694; Gem. d. Ansegisel, S. 1
Beichlingen, Sophie v. 1728–1807; Gem. Ludwig Eugens v. Württemberg, S. 13
Beira, Marie Therese v. 1793–1874; Gem. Karls (V.) v. Spanien, S. 55
Bela v. Ungarn † 1269, S. 70
- I. v. Ungarn † 1063, S. 70, 71
- II. v. Ungarn † 1141, S. 70, 71
- III. v. Ungarn 1148–1196, S. 33, 70, 71
- IV. v. Ungarn 1206–1270, S. 70, 71
Benedikt I., Papst 575–579, S. 66
- II., Papst 684–685, S. 66
- III., Papst 855–858, S. 66
- IV., Papst 900–903, S. 66
- V., Papst 964, S. 66
- VI., Papst 973–974, S. 66
- VII., Papst 974–983, S. 66
- VIII., Papst 1012–1024 (Theophylakt v. Tusculum), S. 66
- IX., Papst 1033–1045 (Theophylakt v. Tusculum), Gegenpapst 1047–48, S. 66
- X., Papst 1058–1059 (Johannes v. Tusculum), S. 66
- XI., Papst 1303–1304, S. 66
- XII., Papst 1334–1342 (Jacques Fournier), S. 66
- XIII., Gegenpapst 1394–1423 (Peter de Luna), S. 66
- XIII., Papst 1724–1730 (Pietro Francesco Orsini), S. 66
- XIV., Gegenpapst 1424–1430, S. 66
- XIV., Papst 1740–1758 (Prosper Lambertini), S. 66
- XV., Papst 1914–1922 (Giacomo Marchese della Chiesa), S. 66
Benedikta v. d. Pfalz 1646–1730; Gem. Johann Friedrichs v. Hannover, S. 14, 20
Benedikte v. Dänemark * 1944; Gem. d. Richard v. Sayn-Wittgenstein-Berleburg, S. 47
Beneš, Edvard, Staatsoberhaupt der Tschechoslowakei 1935–1938 und 1945–1948, S. 72
Benevent, Desiderius v. (Papst Viktor III.), S. 66
Berengar I. v. Italien † 924, S. 1
Berengaria v. Barcelona † 1149; Gem. Alphons' VII. v. Kastilien, S. 53
- v. Kastilien 1171–1244; Gem. Alphons' IX. v. Kastilien, S. 53
- v. Navarra † 1230; Gem. Richards I. v. England, S. 28
- v. Portugal † 1221; Gem. Waldemars II. v. Dänemark, S. 45
Bernadotte, Folke 1895–1948, S. 51

Bernadotte, Jean Baptiste (Carl XIV. Johann v. Schweden) 1763–1844, S. 50, 51, 52
- Lennart * 1909, S. 51
- Oskar 1859–1953, S. 51
- Sigward * 1907, S. 51

Bernauer, Agnes † 1435; Gem. Albrechts III. v. Bayern, S. 16
Bernhard III. v. Baden 1474–1536, S. 12
- II. v. Kärnten † 1256, S. 5, 72
- zur Lippe-Biesterfeld * 1911, S. 43
- III. v. Sachsen-Meiningen 1851–1928, S. 25, 26

Berry, Jean de 1340–1416, S. 34
- Karl v. 1686–1714, S. 35, 38
- Karl Ferdinand v. 1778–1820, S. 35, 65
- Luise v. 1819–1864; Gem. Karls III. v. Parma, S. 35, 64

Bertha v. Burgund † 1010; Gem. Roberts II. v. Frankreich, S. 33, 36
- v. Holland † 1093; Gem. Philipps I. v. Frankreich, S. 33
- v. Laon † 783; Gem. Pippins III., S. 1
- v. Lothringen † 925; Gem. d. Theobald v. Arles u. Adalbert II. v. Tuscien, S. 1
- v. Schwaben † 966; Gem. Rudolfs II. v. Burgund u. Hugos v. Italien, S. 1, 36
- v. Turin 1051–1087; Gem. Heinrichs IV., S. 2

Berthold v. Baden 1906–1963, S. 12, 67
- III. v. Zähringen † 1122, S. 3

Bertil v. Schweden * 1912, S. 51
Bianca Maria Sforza v. Mailand 1472–1510; Gem. Maximilians I. v. Österreich, S. 6, 7, 63
Bidault, Georges, Staatspräsident v. Frankreich 1946–1947, S. 40
Bielke, Gunilla † 1597; Gem. Johanns III. v. Schweden, S. 49
Bierut, Boleslaw, Staatsoberhaupt v. Polen 1945–1952, S. 74
Billung, Oda v. † 913; Gem. Liudolfs v. Sachsen, S. 2
Birger v. Schweden † 1321, S. 45, 52
Birgitta v. Schweden * 1937; Gem. d. Johann Georg v. Hohenzollern-Sigmaringen, S. 24, 51
Blanc, Marie 1859–1882; Gem. Roland Bonapartes, S. 39
Blanka v. Bourbon 1868–1949; Gem. d. Leopold Salvator v. Toscana, S. 55, 62
- v. England 1392–1409; Gem. Ludwigs III. v. d. Pfalz, S. 14, 29
- v. Frankreich † 1305; Gem. Rudolfs III. v. Habsburg, S. 6, 33
- v. Frankreich 1328–1392; Gem. Philipps v. Valois, S. 34
- v. Kastilien 1188–1252; Gem. Ludwigs VIII. v. Frankreich, S. 33, 53
- v. Lancaster † 1369; Gem. Johanns v. Gent, S. 28, 29
- v. Navarra † 1158; Gem. Sanchos III. v. Kastilien, S. 53
- v. Navarra † 1398; Gem. Philipps VI. v. Frankreich, S. 33, 34
- v. Sizilien 1280–1310; Gem. Jakobs II. v. Aragon, S. 70
- v. Valois † 1348; Gem. Karls IV. v. Luxemburg-Böhmen, S. 11, 34

Bleschamp, Alexandrine de † 1855; Gem. Lucien Bonapartes, S. 39
Blois, Anna de (Bourbon) 1666–1739; Gem. Louis Armands I. v. Conti, S. 35, 37
- Stephan v. † 1102, S. 28

Blois, Stephan v. 1095–1154, S. 28, 32
- Thibaut IV. † 1152, S. 5, 28
- Franziska Marie 1677–1749; Gem. Philipps II. v. Orléans, S. 35, 38

Blomberg, Barbara † 1597, S. 54
Blum, Léon, Staatspräsident v. Frankreich 1946–1947, S. 40
Bogičević, Tomanija 1796–1881; Gem. d. Jevrem Obrenović, S. 69
Boguslaw V. v. Pommern † 1373, S. 73
Boleyn, Anne † 1536; Gem. Heinrichs VIII. v. England, S. 29
Bombelles, Karl v. † 1856, S. 8
Bona v. Savoyen † 1485; Gem. d. Galeazzo Maria Sforza v. Mailand, S. 63
- Sforza v. Mailand 1500–1557; Gem. Sigismunds I. v. Polen, S. 63, 73

Bonaparte, Carlo 1746–1785, S. 39
- Caroline 1782–1839; Gem. Joachim Murats, S. 39
- Charles Lucien 1803–1857, S. 39
- Charlotte 1802–1839; Gem. d. Napoleon Louis Bonaparte, S. 39
- Elise 1777–1820; Gem. d. Pasquale Bacciochi, S. 39
- Eugène Louis Napoleon 1856–1879, S. 39
- Jérôme 1784–1860, S. 13, 39
- Joseph 1768–1844, S. 39, 56
- Laetitia 1750–1836; Gem. Carlo Bonapartes, S. 39
- Laetitia 1866–1926; Gem. Amadeus I. v. Savoyen, S. 39, 61
- Lucien 1775–1840, S. 39
- Ludwig (Louis) 1778–1846, S. 39, 42
- Ludwig Napoleon (Napoleon III.) 1808–1873, S. 39, 40
- Marie 1882–1962; Gem. Georgs v. Griechenland, S. 39, 67
- Mathilde 1820–1904; Gem. d. Anatol Demidoff, S. 39
- Napoleon 1769–1821 (Napoleon I.), S. 8, 39, 40
- Napoleon Joseph 1822–1891, S. 39, 61
- Napoleon Louis 1804–1831, S. 39
- Napoleon Viktor 1862–1926, S. 39, 44
- Pauline 1780–1825; Gem. d. Emanuel Leclerc u. d. Camillo Borghese, S. 39
- Pierre Napoleon 1815–1881, S. 39
- Roland 1858–1924, S. 39
- Zenaide 1801–1854, S. 39

Bonifatius I., Papst 418–422, S. 66
- II., Papst 530–532, S. 66
- III., Papst 606–607, S. 66
- IV., Papst 608–615, S. 66
- V., Papst, 619–625, S. 66
- VI., Papst 896, S. 66
- VII., Gegenpapst 974, 984/85, S. 66
- VIII., Papst 1294–1303 (Benedikt Gaetani), S. 66
- IX., Papst 1389–1404 (Pietro Tomacelli), S. 66

Borghese, Camillo (Papst Paul V.), S. 66
- Camillo † 1832, S. 39

Borgia, Alonso (Papst Kalixt III.), S. 66
- Lucretia † 1519; Gem. Alphons' I. v. Este-Ferrara, S. 63
- Rodrigo (Papst Alexander VI.), S. 64, 66
Boris III. v. Bulgarien 1894–1943, S. 61, 68
Borsselen, Franz v. † 1470, S. 42
Borso v. Este-Modena † 1471, S. 63
- v. Este-Modena 1605–1657, S. 63
Boscovitz, Anne Marie de † 1625; Gem. Karls v. Liechtenstein, S. 10
Boso v. Niederburgund † 887, S. 1
Bothwell, James † 1573, S. 30
Bowes-Lyon, Elisabeth * 1900; Gem. Georgs VI. v. England, S. 31
Braga, Teófilo, Staatspräsident v. Portugal 1910–1911 und 1915, S. 59
Braganza, Duarte (Eduard) Nuno 1907–1976, S. 38, 58
Brandon, Franziska † 1559; Gem. des Henry Grey, S. 29
Breakspeare, Nikolaus (Papst Hadrian IV.), S. 66
Breschnew, Leonid Iljitsch, Staatsoberhaupt der UdSSR 1960–1964, S. 77
Bretzenheim, Karl August Fst. v. 1768–1823, S. 15
Brieg, Margarethe v. † 1386; Gem. Albrechts v. Holland u. Bayern, S. 16, 42
Brignole, Catherine † 1813; Gem. d. Louis Joseph de Condé u. Honorés III. v. Monaco, S. 37, 41
Brun v. Braunschweig † 1016, S. 2
- v. Kärnten (Papst Gregor V.), S. 2, 66
- v. Sachsen † 880, S. 2
- v. Sachsen 925–965, S. 2
Bueri, Piccarda † 1433; Gem. d. Johannes v. Florenz-Medici, S. 62
Burg, Ferdinand (Ehz. Ferdinand Karl) 1868–1915, S. 9
Buzilla v. Sizilien † 1102; Gem. Kolománs I. v. Ungarn, S. 70

Cabanellas, Michael, Staatsoberhaupt v. Spanien 1936, S. 56
Caecilia v. Griechenland 1911–1937; Gem. d. Georg Donatus v. Hessen-Darmstadt, S. 19, 67
- Renata v. Österreich 1611–1644; Gem. Wladislaws IV. v. Polen, S. 7, 73
- v. Schweden 1540–1627; Gem. Christophs II. v. Baden, S. 12, 49
Caecilie v. Baden 1839–1891; Gem. d. Michael Nikolaijewitsch, S. 12, 76
- v. Mecklenburg-Schwerin 1886–1954; Gem. Wilhelms v. Preußen, S. 23, 26
Caesar v. Este-Modena 1552–1628, S. 62, 63
Carstens, Karl, dt. Bundespräsident 1979–1984, S. 27
Cajus, Papst 283–296, S. 66
Calixta zur Lippe 1895–1982; Gem. Waldemars v. Preußen, S. 26
Capet, Hugo † 996, S. 2, 33, 40
Cappelari, Bartolomeo (Papst Gregor XVI.), S. 66
Carl s.a. Karl
Carl Theodor in Bayern 1839–1909, S. 17, 21, 58
Carlos s. Karl

Carmen Sylva (Elisabeth zu Wied) 1843–1916; Gem. Karls I. v. Rumänien, S. 24, 43, 68
Carmona, Oskar, Staatspräsident v. Portugal 1926–1951, S. 59
Carnot, Marie François Sadi, Staatspräsident v. Frankreich 1887–1894, S. 40
Carol s..Karl
Carrara, Caecilie v. † 1416, S. 63
Caserta, Alphons v. (Bourbon-Sizilien) 1841–1934, S. 65
Casimir-Periér, Jean Paul, Staatspräsident v. Frankreich 1894–1895, S. 40
Casiraghi, Stefano * 1960, S. 41
Castiglioni, Francesco Gf. (Papst Pius VIII.), S. 66
- Goffredo (Papst Zölestin IV.), S. 66
Castro, Canto de, Staatspräsident v. Portugal 1918–1919, S. 59
- Johanna v. † 1479; Gem. Ferdinands I. v. Braganza, S. 57
Catalano v. Monaco † 1457, S. 41
Cavalcanti, Ginevra; Gem. Lorenzos I. v. Florenz-Medici, S. 62
Ceausescu, Nicolaie, Staatsoberhaupt v. Rumänien seit 1967, S. 68
Chalpaida; Gem. Pippins II., S. 1
Chambord, Heinrich v. (Heinrich V. v. Frankreich) 1820–1883, S. 35, 63
Charles s. Karl
Châtillon, Marie v. † 1404; Gem. Ludwigs I. v. Anjou, S. 34
- Mathilde v. † 1358; Gem. Karls v. Valois, S. 34
Charlotta Joaquina v. Spanien 1775–1830; Gem. Johanns VI. v. Portugal, S. 55, 58
Charlotte Agläe v. Orléans 1700–1761; Gem. Franz' III. v. Este-Modena, S. 38, 63
- Agnes v. Sachsen-Altenburg * 1899; Gem. Sigismunds v. Preußen, S. 26
- Auguste v. England 1796–1817; Gem. Leopolds I. v. Belgien, S. 30, 44
- v. Belgien 1840–1927; Gem. Maximilians v. Mexiko, S. 9, 44
- v. Bourbon † 1582; Gem. Wilhelms I. v. Oranien, S. 42
- v. England 1766–1828; Gem. Friedrichs I. v. Württemberg, S. 13, 30
- Felicitas v. Hannover 1671–1710; Gem. Rainalds III. v. Este-Modena, S. 20, 63
- v. Hanau-Lichtenberg 1700–1726; Gem. Ludwigs VIII. v. Hessen-Darmstadt, S. 18
- v. Hessen-Kassel 1627–1686; Gem. Karl Ludwigs v. Pfalz-Simmern, S. 14, 18
- v. Hessen-Kassel 1650–1714; Gem. Christians V. v. Dänemark, S. 18, 46
- v. Luxemburg 1896–1985; Gem. d. Felix v. Bourbon-Parma, S. 43, 64
- v. Mecklenburg-Schwerin 1784–1840; Gem. Christians VIII. v. Dänemark, S. 23, 47
- v. Mecklenburg-Strelitz 1769–1818; Gem. Friedrichs v. Sachsen-Hildburghausen, S. 23
- v. Monaco 1898–1977; Gem. d. Pierre de Polignac-Grimaldi, S. 41
- v. Österreich * 1921; Gem. Georgs v. Mecklenburg-Strelitz, S. 9, 23
- v. Preußen 1798–1860; Gem. Nikolaus' I. v. Rußland, S. 25, 75, 76
- v. Preußen 1831–1855; Gem. Georgs II. v. Sachsen-Meiningen, S. 25
- v. Preußen 1860–1919; Gem. Bernhards v. Sachsen-Meiningen, S. 25, 26
- v. Sachsen-Jena 1669–1703; Gem. d. Wilhelm Ernst v. Sachsen-Weimar, S. 22
- v. Savoyen † 1483; Gem. Ludwigs XI. v. Frankreich, S. 34

Charlotte v. Schaumburg-Lippe 1864–1946; Gem. Wilhelms II. v. Württemberg, S. 13
- Sophie v. Sachsen-Saalfeld-Coburg 1731–1810; Gem. Ludwigs v. Mecklenburg-Schwerin, S. 23
- v. Württemberg 1807–1873; Gem. Michaels v. Rußland, S. 13, 75

Chiaramonti, Barnaba Gf. (Papst Pius VII.), S. 66
Chiesa, Giacomo Marchese della (Papst Benedikt XV.), S. 66
Chiltrud † 754; Gem. Odilos v. Bayern, S. 1
Choiseul, Françoise-Therese de 1766–1794; Gem. Josephs v. Monaco, S. 41
Chotek, Sophie (v. Hohenberg) 1868–1914; Gem. Franz Ferdinands v. Österreich, S. 9
Christian Albrecht v. Holstein-Gottorp 1641–1695, S. 46, 50
- August v. Anhalt-Zerbst 1690–1747, S. 50
- August v. Holstein-Gottorp 1673–1726, S. 12, 50
- August v. Holstein-Sonderburg-Augustenburg † 1810, S. 50
- August v. Sulzbach 1622–1708, S. 15
- I. v. Birkenfeld-Bischweiler 1598–1654, S. 15
- II. v. Birkenfeld-Bischweiler 1637–1717, S. 15
- III. v. Birkenfeld-Zweibrücken 1674–1735, S. 15
- I. v. Dänemark 1425–1481, S. 46, 48
- II. v. Dänemark 1481–1559, S. 7, 46, 48
- III. v. Dänemark 1503–1559, S. 46, 48
- IV. v. Dänemark 1577–1648, S. 24, 46, 48
- V. v. Dänemark 1646–1699, S. 18, 46, 48
- VI. v. Dänemark 1699–1746, S. 46, 48
- VII. v. Dänemark 1749–1808, S. 30, 47, 48
- VIII. v. Dänemark 1786–1848, S. 23, 47, 48
- IX. v. Dänemark 1818–1906, S. 18, 47, 48
- X. v. Dänemark 1870–1947, S. 23, 47, 48
- v. Holstein-Augustenburg 1798–1869, S. 47
- Ludwig v. Mecklenburg-Schwerin * 1912, S. 23, 26
- I. Louis v. Mecklenburg-Schwerin 1623–1692, S. 23
- II. Ludwig v. Mecklenburg-Schwerin 1683–1756, S. 23
- II. v. Sachsen † 1611, S. 46
- v. Schaumburg-Lippe 1898–1974, S. 47
- v. Schleswig-Holstein 1831–1917, S. 31, 47

Christiane Eberhardine v. Brandenburg-Bayreuth 1671–1727; Gem. Augusts II. v. Polen, S. 21
Christina Friederika v. Spanien * 1965, S. 55
- v. Holstein-Gottorp 1573–1625; Gem. Karls IX. v. Schweden, S. 49, 50
- Magdalena v. Pfalz-Zweibrücken 1616–1662; Gem. Friedrichs VI. v. Baden, S. 12, 49
- d. Niederlande * 1947, S. 43

Christine v. Dänemark 1521–1590; Gem. Franz' II. Sforza v. Mailand und Franz' I. v. Lothringen, S. 46, 63

Christine Elisabeth v. Holstein 1638–1679; Gem. d. Johann Ernst II. v. Sachsen-Weimar, S. 22
- v. Frankreich 1606–1663; Gem. Viktor Amadeus' I. v. Savoyen, S. 35, 60
- v. Hessen 1543–1604; Gem. Adolfs v. Holstein-Gottorp, S. 18, 46, 50
- v. Hessen-Eschwege † 1702; Gem. Ferdinand Albrechts I. v. Braunschweig-Wolfenbüttel, S. 20
- v. Hessen-Rheinfels 1717–1778; Gem. Ludwigs v. Savoyen-Carignan, S. 60
- v. Lothringen 1565–1637; Gem. Ferdinands I. Medici v. Toscana, S. 34, 62
- Luise v. Oettingen † 1747; Gem. Ludwig Rudolfs v. Braunschweig-Wolfenbüttel, S. 20
- v. Sachsen † 1521; Gem. Johanns v. Dänemark, S. 46
- v. Sachsen 1505–1549; Gem. Philipps I. v. Hessen, S. 6, 18
- v. Schweden 1626–1689, S. 49, 52
- v. Schweden * 1943; Gem. d. Tord Magnuson, S. 51
- v. Sizilien 1779–1849; Gem. d. Karl Felix v. Savoyen, S. 60, 65
- Wilhelmine v. Hessen-Homburg 1653–1722; Gem. Friedrichs I. v. Mecklenburg-Schwerin, S. 23

Christoph I. v. Baden 1453–1527, S. 12
- II. v. Baden 1537–1575, S. 12, 49
- III. v. Bayern 1416–1448, S. 45, 48
- I. v. Dänemark 1219–1259, S. 45, 48
- II. v. Dänemark 1276–1332, S. 45, 48
- v. Griechenland 1888–1940, S. 38, 67
- v. Hessen-Kassel 1901–1943, S. 18, 67

Christophorus, Papst 903–904, S. 66
Chrotrud † 724; Gem. d. Karl Martell, S. 1
Cillé, Wilhelm v. † 1392, S. 73
Cilly, Barbara v. † 1441; Gem. Sigismunds v. Luxemburg-Böhmen, S. 11
Cimburgis v. Masowien † 1429; Gem. Ernsts v. d. Steiermark, S. 6
Clarence, Lionel v. 1338–1368, S. 29
Clary, Eugenie Desirée (Desideria v. Schweden) 1777–1860; Gem. Jean Baptiste Bernadottes (Carl XIV. J. v. Schweden), S. 51
- Julie 1771–1845; Gem. Joseph Bonapartes, S. 39

Claudia Felicitas v. Tirol 1653–1676; Gem. Leopolds I. v. Österreich, S. 7, 8
- v. Frankreich 1499–1524; Gem. Franz' I. v. Frankreich, S. 34
- v. Frankreich † 1575; Gem. Karls II. v. Lothringen, S. 34, 46
- de Medici 1604–1648; Gem. Leopolds V. v. Österreich, S. 7, 62

Claudine v. Orléans * 1943; Gem. d. Amadeus v. Savoyen-Aosta, S. 38, 61
Clemens I., Papst 88–97, S. 66
- II., Papst 1046–1047 (Suidger v. Bamberg), S. 66
- III., Gegenpapst 1080–1100, S. 66
- III., Papst 1187–1191 (Wibert v. Ravenna), S. 66
- IV., Papst 1265–1268, S. 66
- V., Papst 1305–1314 (Raimond Bertrand de Got), S. 66
- VI., Papst 1342–1352 (Peter v. Fécamp), S. 66

Clemens VII., Gegenpapst 1378–1394 (Robert v. Genf), S. 66
- VIII., Gegenpapst 1423–1429, S. 66
- VII., Papst 1523–1534 (Julius v. Florenz-Medici), S. 62, 66
- VIII., Papst 1592–1605 (Ippolito Aldobrandini), S. 66
- IX., Papst 1667–1669, S. 66
- X., Papst 1670–1676 (Emilio Altieri), S. 66
- XI., Papst 1700–1721 (Gian Francesco Albani), S. 66
- XII., Papst 1730–1740, S. 66
- XIII., Papst 1758–1769, S. 66
- XIV., Papst 1769–1774 (Lorenzo Ganganelli), S. 66
- August v. Bayern, Eb. v. Köln 1700–1761, S. 16
- Franz v. Paula in Bayern 1722–1770, S. 15, 16

Clermont, Robert v. 1256–1317, S. 33, 35, 36
Cletus, Papst 76–88, S. 66
Cleves-Nevers, Marie v. 1553–1574; Gem. Heinrichs I. de Condé, S. 37
Clothilde v. Sachsen-Coburg 1846–1927; Gem. Josephs v. Österreich, S. 8, 44
Coligny, Luise v. † 1620; Gem. Wilhelms I. v. Oranien, S. 42
Colonna, Oddone (Papst Martin V.), S. 66
Condulmer, Gabriele (Papst Eugen IV.), S. 66
Corigliano, Margarethe v.; Gem. d. Ludwig v. Durazzo, S. 70
Cornelius, Papst 251–253, S. 66
Cosimo v. Florenz-Medici 1389–1464, S. 62
- I. Medici v. Toscana 1519–1574, S. 62
- II. Medici v. Toscana 1590–1621, S. 7, 62
- III. Medici v. Toscana 1642–1723, S. 35, 62

Cossiga, Francesco, ital. Staatspräsident seit 1985, S. 61
Costa, Gomes da, Staatspräsident v. Portugal 1926, S. 59
- Gomez, Francisco da, Staatspräsident v. Portugal seit 1974, S. 59
Coty, René, Staatspräsident v. Frankreich 1954–1959, S. 40
Courtenay, Jolante v. 1200–1233; Gem. Andreas' II. v. Ungarn, S. 70
- Katharina v. † 1308; Gem. Karls v. Valois, S. 34
Crema, Guido v. (Gegenpapst Paschalis III.), S. 66
Craig, Lilian (geb. Davis) * 1915; Gem. Bertils v. Schweden, S. 51
Cromwell, Oliver, Lordprotector v. England 1653–1658, S. 32
- Richard, Lordprotector v. England 1658–1659, S. 32
Croy, Isabella v. 1856–1931; Gem. Friedrichs v. Österreich, S. 8
- Johanna v. † 1504; Gem. Ludwigs v. Pfalz-Zweibrücken, S. 14
Cuza, Alexandru, Fürst v. Rumänien 1859–1866, S. 68
Cyrankiewicz, Józef, Staatsoberhaupt v. Polen 1970–1972, S. 74
Czernichew Gfn. Besobrasow, Xenia 1929–1968; Gem. Rudolfs v. Habsburg-Lothringen, S. 9
Czuber, Berta 1879–1979; Gem. Ferdinand Karls v. Österreich, S. 9

Dagmar v. Dänemark 1847–1928; Gem. Alexanders III. v. Rußland, S. 47, 76
Damasus I., Papst 366–384, S. 66
- II., Papst 1048, S. 66
Damianow, Georgi, Staatsoberhaupt v. Bulgarien 1950–1958, S. 68
Dammartin, Jeanne de † 1279; Gem. Ferdinands III. v. Kastilien, S. 53
Dampierre, Emanuela de * 1913; Gem. Jaimes v. Spanien, S. 55
Danilo I. v. Montenegro 1826–1860, S. 69
- v. Montenegro 1871–1939, S. 23, 69
Danneskjold-Samsoe, Louise v. † 1867; Gem. Christians v. Holstein-Augustenburg, S. 47
Darnley, Henry † 1567, S. 30
Daun, Sophie v. † 1770; Gem. d. Johann v. Zweibrücken-Gelnhausen, S. 15
David II. v. Schottland 1324–1371, S. 28
Degenfeld, Luise v. 1636–1677; Gem. Karl Ludwigs v. Pfalz-Simmern, S. 14
Delgado, Carlos Zurita y, S. 55
Demetrius s. Dimitri
Demidoff, Anatol † 1870, S. 39
- Aurora, v. San Donato 1873–1904; Gem. d. Arsen v. Serbien, S. 69
Denison, Irene 1890–1956; Gem. d. Alexander Albert Mountbatten, S. 19
Deschanel, Paul, Staatspräsident v. Frankreich 1920, S. 40
Desideria v. Schweden (Desirée Clary) 1777–1860; Gem. Carls XIV. Johann v. Schweden (J.B. Bernadotte), S. 51
Desirée v. Schweden * 1938; Gem. d. Niclas Silfverschiöld, S. 51
Deusdedit, Papst 615–618, S. 66
Diana v. Bourbon-Parma * 1932; Gem. Franz Josephs v. Hohenzollern-Sigmaringen, S. 24
Diane v. Orleáns * 1940; Gem. Carls v. Württemberg, S. 13, 38
Dianti, Laura † 1573; Gem. Alphons' I. v. Este-Ferrara, S. 63
Dietrich v. Oldenburg, der Glückliche † 1440, S. 46
Dietrichstein, Erdmunde 1652–1737; Gem. Johann Adams v. Liechtenstein, S. 10
- Johanna v. † 1676; Gem. Karl Eusebius' v. Liechtenstein, S. 10
- -Weichselburg, Marie Antonie v. 1707–1777; Gem. d. Emanuel v. Liechtenstein, S. 10
Dimitri Pawlowitsch v. Rußland 1891–1942, S. 76
Dionysius, Papst 259–268, S. 66
Dioskurus, Gegenpapst 530, S. 66
Dizdarević, Raif, jug. Staatsoberhaupt seit 1988, S. 69
Dobi, Istvan M., Staatsoberhaupt v. Ungarn 1952–1967, S. 71
Dobrženicz, Elisabeth v. 1875–1951; Gem. Peters v. Orléans-Braganza, S. 38
Dönitz, Karl, provis. Staatsoberhaupt v. Deutschland Mai 1945, S. 27
Dolgorukaja, Katharina † 1922; Gem. Alexanders II. v. Rußland, S. 76
- Maria † 1625; Gem. Michaels I. v. Rußland, S. 75
Dommanget, Ghislaine * 1900; Gem. Ludwigs II. v. Monaco, S. 41
Donus, Papst 676–678, S. 66
Doria, Marina * 1935; Gem. Viktor Emanuels v. Italien, S. 61

Dorothea v. Anhalt-Zerbst † 1634; Gem. Augusts v. Braunschweig-Wolfenbüttel, S. 20
- v. Brandenburg 1422–1495; Gem. Christophs III. v. Bayern und Christians I. v. Dänemark, S. 45, 46
- v. Brandenburg-Schwedt 1736–1798; Gem. Friedrichs II. v. Württemberg, S. 13, 25
- v. Braunschweig-Lüneburg 1570–1649; Gem. Karls I. v. Birkenfeld-Bischweiler, S. 15, 20
- Charlotte v. Brandenburg-Ansbach † 1705; Gem. Ernst Ludwigs II. v. Hessen-Darmstadt, S. 18
- v. Dänemark 1520–1580; Gem. Friedrichs II. v. d. Pfalz, S. 14, 46
- v. Dänemark 1546–1617; Gem. Wilhelms d. J. v. Braunschweig-Lüneburg, S. 20, 46
- v. Holstein-Glücksburg † 1689; Gem. Friedrich Wilhelms v. Brandenburg, S. 24, 25
- Marie v. Anhalt 1574–1617; Gem. Johanns v. Sachsen-Weimar, S. 22
- v. Sachsen-Coburg † 1967; Gem. Ernst Günthers v. Schleswig-Holstein, S. 44, 47
- v. Sachsen-Lauenburg † 1571; Gem. Christians III. v. Dänemark, S. 46
- Sophie v. d. Pfalz 1670–1748; Gem. Eduards II. Farnese v. Parma u. d. Franz Farnese v. Parma, S. 15, 64
- Wilhelmine v. Sachsen-Zeitz † 1743; Gem. Wilhelms VIII. v. Hessen-Kassel, S. 18

Douglas-Hamilton, Marie Victoria 1850–1922; Gem. Alberts I. v. Monaco, S. 41
Doumer, Paul, Staatspräsident v. Frankreich 1931–1932, S. 40
Doumergue, Gaston, Staatspräsident v. Frankreich 1924–1931, S. 40
Draskovich, Maria v. Trakostjan 1904–1969; Gem. Albrechts v. Bayern, S. 17
Dreux, Jolante v. † 1248; Gem. Hugos IV. v. Burgund, S. 36
Druker, Paul * 1938, S. 44
Drummond, Marie Therese v. 1758–1820; Gem. Ludwigs v. Spanien, S. 55
Duarte s. Eduard
Dudley, Guilford † 1554, S. 29
Duèze, Jacques (Papst Johannes XXII.), S. 66
Đuranović, Veselin, jugosl. Staatsoberhaupt 1984–1985, S. 69
Durazzo, Johann v. † 1335, S. 70
- Karl, S. 70
- Ludwig v. † 1362, S. 70
- Margarethe v. 1347–1412; Gem. Karls III. v. Neapel (II. v. Ungarn), S. 70

Eanes, Antonio Ramalho, port. Staatspräsident, S. 59
Eberhard v. Friaul † 864, S. 1
- I. v. Württemberg 1445–1496, S. 13
- III. v. Württemberg 1614–1674, S. 13
- IV. Ludwig v. Württemberg 1676–1733, S. 12, 13
Ebert, Friedrich, deutscher Reichspräsident 1919–1925, S. 27

Edgif v. England † nach 951; Gem. Karls III. (Westreich), S. 1
Edgitha v. England † 946; Gem. Ottos I., S. 2
Edmund v. Kent 1301–1330, S. 28
- v. York 1341–1402, S. 29, 53
Eduard I. v. England 1239–1307, S. 28, 32, 33, 53
- II. v. England 1284–1327, S. 28, 32, 33
- III. v. England, der Bekenner 1004–1066, S. 33
- III. v. England 1312–1377, S. 28, 29, 32, 42
- IV. v. England 1442–1483, S. 29, 32
- V. v. England 1470–1483, S. 29, 32
- VI. v. England 1537–1553, S. 29, 32
- VII. v. England 1841–1910, S. 31, 32, 47
- VIII. v. England 1894–1972 (Hz. v. Windsor), S. 31, 32
- v. England, der schwarze Prinz 1330–1376, S. 28, 29
- v. England, 1453–1471, S. 29
- v. England, * 1964, S. 31
- I. Farnese v. Parma 1612–1646, S. 62, 64
- II. Farnese v. Parma 1666–1693, S. 15, 64
- Fortunatus v. Baden 1565–1600, S. 12, 49
- v. Kent 1767–1820, S. 30, 44
- v. Kent * 1935, S. 31
- v. Pfalz-Simmern 1625–1663, S. 14
- v. Portugal 1391–1438, S. 53, 57, 59
- v. Portugal 1515–1540, S. 57
- (Duarte) Nuño v. Portugal 1907–1976, S. 38, 58
Edward s. Eduard
Edisheim, Bruno v. (Papst Leo IX.), S. 66
Edmund v. Lancaster 1245–1296, S. 28
Eicken, Maria v. † 1636; Gem. Eduards v. Baden, S. 12
Einaudi, Luigi, Staatspräsident v. Italien 1948–1955, S. 61
Eitel Friedrich v. Preußen 1883–1942, S. 25, 26
Elena s. Helena
Eleonora v. Aragon 1450–1493; Gem. Ercoles I. v. Este-Ferrara, S. 63
- v. Sizilien † 1341; Gem. Friedrichs v. Aragon, S. 3, 70
Eleonore v. Aragon 1358–1382; Gem. Johanns I. v. Kastilien, S. 53
- v. Aragon † 1445; Gem. Eduards v. Portugal, S. 53, 57
- v. Aquitanien 1120–1204; Gem. Ludwigs VII. v. Frankreich u. Heinrichs II. v. England, S. 28, 33
- de Condé 1587–1619; Gem. Philipp Wilhelms v. Oranien, S. 37, 42
- Dorothea v. Anhalt 1602–1664; Gem. Wilhelms v. Sachsen-Weimar, S. 22
- v. England 1162–1214; Gem. Alphons' VIII. v. Kastilien, S. 28, 53
- Juliane v. Brandenburg-Ansbach 1663–1724; Gem. Friedrich Karls v. Württemberg, S. 13
- v. Kastilien † 1290; Gem. Eduards I. v. England, S. 28, 53

Eleonore v. Medici 1566–1611; Gem. Vinzenz' I. v. Mantua, S. 62
- v. Österreich † 1697; Gem. Michaels v. Polen u. Karls IV. v. Lothringen, S. 7, 38
- v. Österreich † 1594; Gem. Wilhelms III. v. Mantua, S. 7
- v. Pfalz-Neuburg 1655–1720; Gem. Leopolds I. v. Österreich, S. 7, 8, 15
- v. Portugal 1436–1467; Gem. Friedrichs III. v. Österreich, S. 6, 57
- v. Preußen 1583–1607; Gem. Joachim Friedrichs v. Brandenburg, S. 24
- v. Provence † 1291; Gem. Heinrichs III. v. England, S. 28, 53
- v. Sachsen 1662–1696; Gem. Johann Georgs IV. v. Sachsen, S. 21
- v. Sayn-Wittgenstein 1880–1965; Gem. Ludwig Wilhelms in Bayern, S. 17
- v. Schottland † 1480; Gem. Sigismunds v. Tirol, S. 6, 30
- v. Spanien 1498–1558; Gem. Emanuels I. v. Portugal und Franz' I. v. Frankreich, S. 7, 34, 54, 57
- v. Toledo 1522–1562; Gem. Cosimos I. Medici v. Toscana, S. 62

Eleutherus, Papst ~ 175–189, S. 66

Elisabeth s.a. Isabella

Elisabeth Amalie Magdalene v. Hessen-Darmstadt 1635–1709; Gem. Philipp Wilhelms v. Pfalz-Neuburg, S. 15, 18
- Amalie v. Österreich 1878–1960; Gem. d. Aloys zu Liechtenstein, S. 9, 10
- v. Anhalt 1563–1607; Gem. Johann Georgs v. Brandenburg, S. 24
- v. Anhalt 1857–1933; Gem. Adolf Friedrichs V. v. Mecklenburg-Strelitz, S. 23
- v. Aragon † 1330; Gem. Friedrichs I. v. Habsburg, S. 6, 70
- Auguste Sophie v. Pfalz-Sulzbach 1693-1728; Gem. d. Joseph Karl Emanuel v. Sulzbach, S. 15
- v. Bayern 1227–1273; Gem. Konrads IV. u. Meinhards II. v. Tirol, S. 3, 5
- v. Bayern 1306–1330; Gem. Ottos v. Habsburg, S. 6
- v. Bayern 1801–1873; Gem. Friedrich Wilhelms IV. v. Preußen, S. 17, 25
- in Bayern 1837–1898; Gem. Franz Josephs I. v. Österreich, S. 9, 17
- v. Bayern-Landshut 1383–1442; Gem. Friedrichs I. v. Brandenburg, S. 24
- v. Bayern-Landshut 1478–1504; Gem. Ruprechts v. d. Pfalz, S. 14, 73
- v. Böhmen 1292–1330; Gem. Johanns v. Böhmen, S. 11, 72
- v. Böhmen-Luxemburg † 1373; Gem. Albrechts III. v. Habsburg, S. 6, 11
- v. Böhmen und Ungarn 1409–1442; Gem. Albrechts II. v. Österreich, S. 6, 11
- v. Bosnien † 1387; Gem. Ludwigs I. v. Ungarn, S. 73
- v. Braunschweig-Grubenhagen † 1586; Gem. Johanns d.J. v. Sonderburg, S. 46
- v. Braunschweig-Lüneburg † 1266; Gem. Wilhelms II. v. Holland, S. 3, 42
- Charlotte v. Orléans 1676–1744; Gem. Leopolds v. Lothringen, S. 38
- Charlotte v. d. Pfalz 1597–1660; Gem. Georg Wilhelms v. Brandenburg, S. 14, 24
- Charlotte v. d. Pfalz (Liselotte) 1652–1722; Gem. Philipps I. v. Orléans, S. 14, 35, 38
- Christine v. Braunschweig-Wolfenbüttel 1691–1750; Gem. Karls VI. v. Österreich, S. 8, 20
- Christine v. Braunschweig-Wolfenbüttel 1746–1840; Gem. Friedrich Wilhelms II. v. Preußen, S. 20, 25
- Christine v. Braunschweig-Wolfenbüttel 1715–1797; Gem. Friedrichs II. v. Preußen, S. 20, 25

Elisabeth v. Dänemark 1485–1555; Gem. Joachims I. v. Brandenburg, S. 46
- v. Dänemark (Isabella v. Burgund) 1501–1526; Gem. Christians II. v. Dänemark, S. 7, 46
- I. v. England 1533–1603, S. 29, 32
- II. v. England * 1926; Gem. d. Philip Mountbatten, S. 31, 32, 67
- v. England 1214–1241; Gem. Friedrichs II. v. Hohenstaufen, S. 3, 28
- v. England 1282–1316; Gem. Johanns I. v. Holland, S. 28, 42
- Farnese v. Parma 1692–1766; Gem. Philipps V. v. Spanien, S. 55, 64
- v. Frankreich 1727–1759; Gem. Philipps v. Parma, S. 35, 55, 64
- Friederike v. Brandenburg-Bayreuth 1732–1780; Gem. Karls II. Eugen v. Württemberg, S. 13, 25
- v. Habsburg † 1352; Gem. Friedrichs IV. v. Lothringen, S. 6
- Henriette v. Hessen-Kassel 1661–1683; Gem. Friedrichs III. (I.) v. Preußen, S. 18, 25
- v. Hessen † 1563; Gem. Ludwigs II. v. Pfalz-Zweibrücken, S. 14
- v. Hessen 1539–1582; Gem. Ludwigs VI. v. Pfalz-Simmern, S. 14, 18
- v. Hessen-Darmstadt 1864–1918; Gem. d. Sergej Alexandrowitsch v. Rußland, S. 19, 76
- v. Hohenzollern 1358–1411; Gem. Ruprechts III. v. d. Pfalz, S. 14, 24
- v. Jugoslawien * 1936, S. 69
- Juliane v. Holstein † 1704; Gem. Anton Ulrichs v. Braunschweig-Wolfenbüttel, S. 20
- Magdalene v. Brandenburg † 1595; Gem. Franz Ottos v. Braunschweig-Lüneburg, S. 20
- Maria Auguste v. Pfalz-Sulzbach 1721–1794; Gem. Karl Theodors v. Pfalz-Bayern, S. 15
- v. Mecklenburg-Schwerin (Reg. Anna v. Rußland) † 1746; Gem. Anton Ulrichs v. Braunschweig-Wolfenbüttel, S. 20, 75
- v. Meißen 1329–1375; Gem. Friedrichs V. v. Nürnberg, S. 24
- v. Österreich † 1107; Gem. Otakars II. v. d. Steiermark, S. 4, 5
- v. Österreich 1437–1505; Gem. Kasimirs IV. v. Polen, S. 6, 73
- v. Österreich 1526–1545; Gem. Sigismunds II. v. Polen, S. 7, 73
- v. Österreich 1554–1592; Gem. Karls IX. v. Frankreich, S. 7, 34
- v. Österreich 1831–1903; Gem. Ferdinands v. Österreich-Este und Karl Ferdinands v. Österreich, S. 8, 63
- v. Österreich 1883–1963; Gem. Ottos v. Windischgraetz, S. 9
- v. Österreich * 1922; Gem. Heinrichs v. Liechtenstein, S. 9, 10
- v. Orléans 1646–1696; Gem. d. Louis Joseph de Guise, S. 35
- v. d. Pfalz † 1408; Gem. Friedrichs IV. v. Habsburg, S. 6, 14
- v. d. Pfalz 1483–1522; Gem. Philipps I. v. Baden, S. 12, 14
- Philippine v. Frankreich 1764–1794, S. 35
- v. Polen 1300–1380; Gem. Karls I. v. Ungarn (K. Robert v. Anjou), S. 70, 73
- v. Polen † 1335; Gem. Wenzels II. v. Böhmen und Rudolfs III. v. Habsburg, S. 6, 72
- v. Polen † 1361; Gem. Boguslaws V. v. Pommern, S. 73

Elisabeth v. Pommern 1345–1393; Gem. Karls IV. v. Luxemburg-Böhmen, S. 11, 73
- v. Preußen 1815–1885; Gem. Karls v. Hessen-Darmstadt, S. 19, 25
- v. Preußen 1857–1895; Gem. Augusts v. Oldenburg, S. 25
- Renate v. Lothringen 1574–1635; Gem. Maximilians I. v. Bayern, S. 16, 34
- v. Rumänien 1894–1956; Gem. Georgs II. v. Griechenland, S. 67, 68
- v. Rußland 1709–1762; Gem. Alexej Rasumowskijs, S. 75, 77
- v. Sachsen 1552–1590; Gem. Johann Casimirs v. d. Pfalz, S. 14
- v. Sachsen 1830–1912; Gem. Ferdinands v. Savoyen-Genua, S. 21, 61
- v. Sachsen-Altenburg 1865–1927; Gem. Konstantins v. Rußland, S. 76
- v. Sachsen-Gotha 1640–1709; Gem. Ludwigs VI. v. Hessen-Darmstadt, S. 18, 22
- v. Sachsen-Hildburghausen 1713–1761; Gem. Karls I. v. Mecklenburg-Strelitz, S. 23
- v. Sachsen-Weimar 1854–1908; Gem. Johann Albrechts v. Mecklenburg, S. 22, 23
- v. Schwaben 1202–1235; Gem. Ferdinands III. v. Kastilien, S. 3, 53
- v. Sizilien † 1349; Gem. Stephans II. v. Bayern, S. 3, 16
- Sophie v. Mecklenburg-Güstrow † 1676; Gem. Augusts v. Braunschweig-Wolfenbüttel, S. 20
- Sofie v. Sachsen-Altenburg 1619–1680; Gem. Ernsts v. Sachsen-Gotha, S. 22
- v. d. Steiermark; Gem. Heinrichs V. v. Kärnten, S. 5
- Therese v. Lothringen 1711–1741; Gem. Karl Emanuels III. v. Savoyen, S. 38, 60
- v. Thüringen die Heilige 1207–1231; Gem. Ludwigs IV. v. Thüringen, S. 70
- v. Ungarn (Thüringen) die Heilige 1207–1231; Gem. Ludwigs IV. v. Thüringen, S. 70
- v. Ungarn † n. 1189; Gem. Friedrichs v. Böhmen, S. 70, 72
- v. Ungarn 1236–1271; Gem. Heinrichs I. v. Niederbayern, S. 3, 70
- Valerie in Bayern 1876–1965; Gem. Alberts I. v. Belgien, S. 17, 44
- v. Valois (Isabella v. Frankreich) 1545–1568; Gem. Philipps II. v. Spanien, S. 34, 54
- zu Wied (Carmen Sylva) 1843–1916; Gem. Karls I. v. Rumänien, S. 24, 43, 68
- Wilhelmine v. Württemberg 1767–1790; Gem. Franz I. (II.) v. Österreich, S. 8, 13
- v. Württemberg 1802–1864; Gem. Wilhelms v. Baden, S. 12, 13
- v. York 1466–1503; Gem. Heinrichs VII. v. England, S. 29
Elßler, Therese 1808–1878; Gem. Adalberts v. Preußen, S. 25
Emanuel v. Liechtenstein 1700–1771, S. 10
- Philibert v. Savoyen 1528–1580, S. 34, 60
- Philibert v. Savoyen-Aosta 1869–1931, S. 38, 61
- Philibert v. Savoyen-Carignan 1628–1709, S. 60, 63
- I. (Manuel) v. Portugal 1469–1521, S. 7, 53, 54, 57, 59
- II. v. Portugal 1889–1932, S. 24, 58, 59
- Thomas v. Savoyen-Carignan 1687–1729, S. 10, 60
Emanuela de Dampierre * 1913; Gem. d. Jaime v. Spanien, S. 55
Emery, Audrey 1904–1971; Gem. d. Dimitri Pawlowitsch v. Rußland, S. 76
Emich Karl zu Leiningen 1763–1814, S. 44

Emile Albertine v. Oranien 1634–1696; Gem. Wilhelm Friedrichs v. Dillenburg, S. 42
Emma v. Frankreich 943–968; Gem. Richards I. d. Normandie, S. 33
- v. Italien † 989, Gem. Lothars III. (Westreich), S. 1
- d. Niederlande (v. Waldeck) 1858–1934; Gem. Wilhelms III. d. Niederlande, S. 43
- d. Normandie 985–1052; Gem. Ethelreds II. v. England u. Knuts v. Dänemark, S. 33
- v. Schwaben † 876; Gem. Ludwigs II. (Ostreich), S. 1
Emmerich v. Ungarn 1174–1204, S. 53, 70, 71
Engelberga † 856; Gem. Ludwigs II. (Mittelreich), S. 1
Engelbert I. v. Kärnten (-Lavantthal) † 1096, S. 5
- II. v. Kärnten † 1141, S. 5
- III. v. Kärnten † 1173, S. 5
Enghien, Louis Antoine Henri 1772–1804, S. 37
Eppenstein, Hedwig v. † 1112; Gem. Engelberts I. v. Kärnten, S. 5
- Richeza v.; Gem. Leopolds I. v. Österreich, S. 4
- Wilipirg v.; Gem. Otakars I. v. d. Steiermark, S. 5
Ercole s. Herkules
Erich (Erik) V. Klipping v. Dänemark 1249–1286, S. 45, 48
- VI. Menved v. Dänemark 1274–1319, S. 45, 48
- III. Magnusson v. Norwegen 1268–1299, S. 28, 45, 48
- X. v. Pommern (XIII. v. Schweden) 1382–1459, S. 29, 45, 48
- (Erik) XII. v. Schweden 1339–1359, S. 16, 42, 45, 48, 52
- XIII. v. Schweden (X. v. Pommern) 1382–1459, S. 29, 45, 48
- XIV. v. Schweden 1533–1577, S. 49, 52
- v. Schweden † 1318, S. 45
Erik s. Erich
Ernst August v. Braunschweig 1887–1953, S. 20, 26
- August v. Cumberland 1845–1923, S. 20, 47
- August v. Hannover 1629–1698, S. 14, 20, 30
- August v. Hannover 1674–1728, S. 20
- August v. Hannover (Kg) 1771–1851, S. 20, 23, 30
- August v. Hannover * 1914; S. 20
- August I. v. Sachsen-Weimar 1688–1748, S. 22
- August II. v. Sachsen-Weimar 1737–1758, S. 20, 22
- v. Baden-Durlach 1482–1553, S. 12
- v. Bayern 1373–1438, S. 16
- v. Braunschweig, der Bekenner 1497–1546, S. 20
- Friedrich v. Sachsen-Saalfeld-Coburg 1724–1800, S. 20, 22
- Günther v. Schleswig-Holstein 1863–1921, S. 44, 47
- Ludwig v. Hessen-Darmstadt 1667–1739, S. 18
- Ludwig v. Hessen-Darmstadt 1868–1937, S. 19, 31
- v. Österreich (Babenberger) † 1075, S. 4
- v. Sachsen 1441–1486, S. 6
- I. v. Sachsen-Coburg 1784–1844, S. 13, 22, 23, 44

Ernst II. v. Sachsen-Coburg 1818–1893, S. 12, 22, 44
- I. v. Sachsen-Gotha 1601–1675, S. 22
- I. v. Schwaben † 1015, S. 2, 4
- II. v. Schwaben † 1030, S. 2, 4
- v. d. Steiermark, der Eiserne 1377–1424, S. 6

Erskine, Margaretha, S. 30
Ethelinde v. Nordheim † nach 1070; Gem. Welfs IV. v. Bayern, S. 3
Ethelred II. v. England 968–1016, S. 33
Eudo I. v. Burgund † 1102, S. 36
- II. v. Burgund 1110–1162, S. 28, 36
- III. v. Burgund 1166–1218, S. 36
- IV. v. Burgund † 1349, S. 33, 36

Eufemia v. Pommern † 1330; Gem. Christophs II. v. Dänemark, S. 45
- v. Rügen † 1312; Gem. Haakons V. v. Norwegen, S. 45
- v. Schlesien-Breslau † 1347; Gem. Ottos II. v. Tirol, S. 5
- v. Schweden 1317–1370; Gem. Albrechts II. v. Mecklenburg, S. 45

Eugen I., Papst 655–657, S. 66
- II., Papst 827, S. 66
- III., Papst 1145–1153, S. 66
- IV., Papst 1431–1447 (Gabriele Condulmer), S. 66
- Franz (Prinz Eugen) v. Savoyen-Carignan 1663–1736, S. 60
- Moritz v. Savoyen-Carignan 1635–1673, S. 60

Eugenie v. Montijo † 1920; Gem. Napoleons III. v. Frankreich, S. 39
Eulalia v. Spanien 1864–1958; Gem. d. Antoine d'Orléans, S. 38, 55
Eulalius, Gegenpapst 418/19, S. 66
Euphrosyne v. Kiew † vor 1186; Gem. Gezas II. v. Ungarn, S. 70
Eusebius, Papst ~ 309-310, S. 66
Eutychianus, Papst 275–283, S. 66
Evaristus, Papst ~ 97–105, S. 66
Evreux, Ludwig v. 1276–1319, S. 33

Fabianus, Papst 236–250, S. 66
Fabiola de Mora y Aragon * 1928; Gem. Baudouins I. v. Belgien, S. 44
Fallières, Clément Armand, Staatspräsident v. Frankreich 1906–1913, S. 40
Faure, Felix, Staatspräsident v. Frankreich 1895–1899, S. 40
Fausz, Fst. d. Ungarn 945–955, S. 70
Fécamp, Peter v. (Papst Clemens VI.), S. 66
Felipe s. Philipp
Felix I., Papst 269–274, S. 66
- II., Gegenpapst 355/65, S. 66
- II., Papst 483–492, S. 66
- III., Papst 526–530, S. 66
- V., Gegenpapst 1439–1449 (Amadeus VIII. v. Savoyen), S. 60, 66
- v. Bourbon-Parma 1893–1970, S. 43, 64

Felix v. Luxemburg * 1984, S. 43
- v. Österreich * 1916, S. 9
Feodor III. v. Rußland 1661–1682, S. 75, 77
Feodora v. Dänemark 1910–1975; Gem. Christians v. Schaumburg-Lippe, S. 47
- v. Sachsen-Meiningen 1890–1972; Gem. d. Wilhelm Ernst v. Sachsen-Weimar, S. 22
Ferdinand Albrecht I. v. Braunschweig-Bevern 1636–1687, S. 20
- Albrecht II. v. Braunschweig-Wolfenbüttel 1680–1735, S. 20
- v. Alençon-Orléans 1844–1910, S. 17, 38
- I. v. Aragon u. Sizilien 1380–1416, S. 53
- II. v. Aragon (V. v. Kastilien) der Katholische 1452–1516, S. 53, 54
- v. Bourbon-Sizilien 1869–1960, S. 17, 65
- I. v. Braganza 1403–1478, S. 57
- II. v. Braganza 1430–1483, S. 57
- I. v. Bulgarien 1861–1948, S. 44, 64, 68
- v. Este-Modena 1821–1849, S. 8, 63
- Karl v. Österreich 1868–1915, S. 9
- Karl v. Österreich-Este 1754–1806, S. 8, 63
- Karl v. Tirol 1628–1662, S. 7, 62
- III. v. Kastilien und Leon 1200–1252, S. 3, 53
- IV. v. Kastilien und Leon 1285–1312, S. 53
- V. v. Kastilien und Leon (II. v. Aragon) der Katholische, 1452–1516, S. 53, 54
- II. v. Leon † 1188, S. 53
- Maria v. Bayern 1636–1679, S. 16, 60
- Maria v. Bayern 1884–1958, S. 17, 55
- Maria Innozenz v. Bayern 1699–1738, S. 15, 16
- Maximilian v. Baden-Baden 1625–1669, S. 12, 60
- Maximilian v. Österreich (Maximilian v. Mexiko) 1832–1867, S. 9, 44
- I. Medici v. Toscana 1549–1609, S. 34, 62
- II. Medici v. Toscana 1610–1670, S. 62
- Medici v. Toscana 1663–1713, S. 16, 62
- I. v. Neapel und Sizilien 1751–1825, S. 8, 55, 65
- II. v. Neapel und Sizilien 1810–1859, S. 8, 60, 65
- I. von Österreich 1503–1564, S. 7, 27, 71, 72, 73
- I. von Österreich, der Gütige (V. v. Ungarn) 1793–1875, S. 8, 27, 60, 71, 72
- II. v. Österreich 1578–1637, S. 7, 16, 27, 62, 71, 72
- III. v. Österreich 1608–1657, S. 7, 27, 54, 62, 71, 72
- IV. v. Österreich 1633–1654, S. 7, 71, 72
- III. v. Österreich-Toscana 1769–1824, S. 8, 21, 62, 65
- IV. v. Österreich-Toscana 1835–1908, S. 21, 62, 64
- v. Orléans 1810–1842, S. 23, 38
- v. Parma 1751–1802, S. 8, 64
- I. v. Portugal 1345–1383, S. 57, 59
- II. v. Portugal (Sachsen-Coburg) 1816–1885, S. 44, 58
- v. Preußen 1730–1813, S. 25

Ferdinand I. v. Rumänien 1865–1927, S. 24, 31, 68
- v. Sachsen-Coburg 1785–1851, S. 44
- v. Sachsen-Coburg (II. v. Portugal) 1816–1885, S. 44, 58
- v. Savoyen-Genua 1822–1855, S. 21, 61
- VI. v. Spanien 1713–1759, S. 55, 56, 58
- VII. v. Spanien 1784–1833, S. 21, 55, 56, 58, 65
- v. Spanien 1824–1861, S. 55
- v. Tirol 1529–1595, S. 7

Ferfried v. Hohenzollern-Sigmaringen * 1943, S. 24
Ferguson, Sarah * 1959; Gem. Andrews v. England, S. 31
Ferner, Johann Martin, * 1927, S. 47
Fieschi, Ottobono (Papst Hadrian V.), S. 66
- Sinibaldo (Papst Innozenz IV.), S. 66

Florenz IV. v. Holland 1210–1234, S. 42
- V. v. Holland 1254–1296, S. 42

Florestan I. v. Monaco 1785–1856, S. 41
Foix, Anna v. † 1506; Gem. Wladislaws II. v. Ungarn und Böhmen, S. 73
Formosus, Papst 891–896, S. 66
Fortunata v. Modena 1734–1803; Gem. Louis François' II. Joseph de Conti, S. 37, 63
Fournier, Jacques (Papst Benedikt XII.), S. 66
Francisco s. Franz
Franco, Francisco, Staatsoberhaupt v. Spanien 1936 (1939)–1975; S. 55, 56
François s. Franz
Françoise s. Franziska
Franz (Francisco) v. Asis 1822–1902, S. 55
- (François) de Conti 1558–1614, S. 37
- I. v. Este-Modena 1610–1658, S. 63, 64
- II. v. Este-Modena 1660–1694, S. 63, 64
- III. v. Este-Modena 1698–1780, S. 38, 63
- IV. v. Este-Modena (Österreich-Este) 1779–1846, S. 60, 63
- V. v. Este-Modena (Österreich-Este) 1819–1875, S. 17, 63
- Farnese v. Parma 1678–1727, S. 15, 64
- Ferdinand v. Österreich 1863–1914, S. 9
- I. v. Frankreich 1494–1547, S. 7, 34, 40, 54
- II. v. Frankreich 1544–1560, S. 30, 34, 40
- Friedrich v. Sachsen-Saalfeld-Coburg 1750–1806, S. 22, 44
- IV. Gonzaga v. Mantua 1586–1612, S. 60, 62
- Joseph v. Hohenzollern-Sigmaringen * 1926, S. 24
- Joseph v. Hohenzollern-Sigmaringen 1891–1964, S. 21, 24
- Joseph I. v. Liechtenstein 1726–1781, S. 10
- Joseph II. v. Liechtenstein * 1906, S. 10
- Joseph I. v. Österreich 1830–1916, S. 9, 17, 27, 71, 72
- Joseph Otto (Otto v. Habsburg-Lothringen) v. Österreich * 1912, S. 9
- Josias v. Sachsen-Saalfeld-Coburg 1697–1764, S. 22
- Karl v. Österreich 1802–1878, S. 8, 9, 17

Franz v. Liechtenstein 1802–1887, S. 10
- I. v. Liechtenstein 1853–1938, S. 10
- I. v. Lothringen † 1545, S. 46
- Ludwig (François Louis) de Conti 1664–1709, S. 37
- I. Medici v. Toscana 1541–1587, S. 7, 62
- I. v. Neapel und Sizilien 1777–1830, S. 8, 55, 65
- II. v. Neapel und Sizilien 1836–1894, S. 17, 65
- Otto v. Braunschweig-Lüneburg 1530–1559, S. 20
- I. v. Österreich (Franz Stephan v. Lothringen) 1708–1765, S. 8, 27, 38, 62
- II. (I.) v. Österreich 1768–1835, S. 8, 13, 17, 27, 63, 65, 71, 72
- (François) v. Orléans 1818–1900, S. 38, 58
- Salvator v. Österreich-Toscana 1866–1939, S. 9, 62
- Salvator v. Österreich-Toscana * 1927, S. 62
- I. Sforza v. Mailand 1401–1466, S. 63
- II. Sforza v. Mailand 1492–1535, S. 46, 63
- Sforza v. Mailand 1490–1511, S. 63
- v. Paula v. Spanien 1794–1865, S. 55, 65
- Stephan v. Lothringen (Franz I. v. Österreich) 1708–1765, S. 8, 27, 38, 62
- Xaver v. Bourbon-Parma 1889–1977, S. 55, 64

Franziska v. Brasilien 1824–1898; Gem. d. Franz v. Orléans, S. 38, 58
- (Françoise) v. Frankreich 1902–1953; Gem. d. Christoph v. Griechenland, S. 38, 67
- v. Luxemburg-Brienne † 1566; Gem. Bernhards III. v. Baden, S. 12
- (Françoise) v. Orléans 1648–1664; Gem. Karl Emanuels II. v. Savoyen, S. 35, 60
- (Françoise) v. Orléans 1844–1925; Gem. Roberts v. Orléans, S. 38

Frederik s. Friedrich

Friaul, Eberhard v. † 864, S. 1

Friederike Amalie v. Dänemark 1649–1704; Gem. d. Christian Albrecht v. Holstein-Gottorp, S. 46, 50
- v. Baden 1781–1826; Gem. Gustav IV. Adolfs v. Schweden, S. 12, 50
- Charlotte v. Hessen-Darmstadt 1698–1777; Gem. d. Maximilian v. Hessen-Kassel, S. 18
- v. Hessen-Darmstadt 1752–1782; Gem. Karls II. v. Mecklenburg-Strelitz, S. 18, 23
- v. Hessen-Kassel † 1787; Gem. Friedrich Augusts v. Oldenburg, S. 18, 50
- Luise v. Hannover 1917–1981; Gem. Pauls I. v. Griechenland, S. 20, 67
- Luise v. Hessen-Darmstadt 1751–1805; Gem. Friedrich Wilhelms II. v. Preußen, S. 19, 25
- Luise v. Preußen 1714–1784; Gem. Karls v. Brandenburg-Ansbach, S. 25
- v. Mecklenburg-Strelitz 1778–1841; Gem. Ernst Augusts v. Hannover, S. 20, 23, 30
- v. Preußen 1767–1820; Gem. Friedrichs v. England, S. 25, 30
- v. Württemberg 1765–1785; Gem. Peters v. Oldenburg, S. 50

Friedrich v. Anhalt-Dessau 1799–1864, S. 18
- v. Aragon 1272–1337, S. 3, 70

Friedrich August v. Oldenburg 1711–1785, S. 18, 50
- August I. (Kf.) v. Sachsen (August II. v. Polen) 1670–1733, S. 21, 74
- August II. v. Sachsen (August III. v. Polen) 1696–1763, S. 8, 21, 74
- August I. (Kg.) v. Sachsen 1750–1827, S. 17, 21
- August II. v. Sachsen 1797–1854, S. 8, 17, 21
- August III. v. Sachsen 1865–1932, S. 21, 62
- V. v. Baden-Durlach 1594–1659, S. 12, 13
- VI. v. Baden-Durlach 1617–1677, S. 12, 49
- VII. v. Baden-Durlach 1647–1709, S. 12, 50
- v. Baden 1703–1732, S. 12, 42
- I. v. Baden (-Hochberg) 1826–1907, S. 12, 25
- II. v. Baden (-Hochberg) 1857–1928, S. 12, 43
- v. Böhmen 1142–1189, S. 70, 72
- I. v. Brandenburg 1371–1440, S. 24
- III. v. Brandenburg (I. v. Preußen) 1657–1713, S. 18, 20, 23, 25
- V. v. Brandenburg-Ansbach 1460–1536, S. 73
- v. Brandenburg-Bayreuth 1711–1763, S. 25
- v. Büren † 1094, S. 3
- Christian II. v. Holstein-Augustenburg 1765–1814, S. 47
- VIII. Christian v. Holstein-Augustenburg 1829–1880, S. 47
- Christian v. Sachsen 1722–1763, S. 16, 21
- Christian v. Sachsen 1893–1968, S. 21
- I. v. Dänemark 1471–1533, S. 46, 48
- II. v. Dänemark 1534–1588, S. 46, 48
- III. v. Dänemark 1609–1670, S. 20, 46, 48
- IV. v. Dänemark 1671–1730, S. 46, 48
- V. v. Dänemark 1723–1766, S. 20, 30, 46, 47, 48
- VI. v. Dänemark 1768–1839, S. 47, 48
- VII. v. Dänemark 1808–1863, S. 23, 47, 48
- VIII. v. Dänemark 1843–1912, S. 47, 48, 51
- IX. v. Dänemark 1899–1972, S. 47, 48, 51
- v. Dänemark (Erbprinz) 1753–1805, S. 23, 47
- v. Dänemark * 1968, S. 47
- v. England 1763–1827, S. 25, 30
- Ferdinand v. Dänemark 1792–1863, S. 47
- Ferdinand v. Schleswig-Holstein 1855–1934, S. 47
- Franz I. v. Mecklenburg-Schwerin 1756–1837, S. 23
- Franz II. v. Mecklenburg-Schwerin 1823–1883, S. 19, 23
- Franz III. v. Mecklenburg-Schwerin 1851–1897, S. 23, 76
- Franz IV. v. Mecklenburg-Schwerin 1882–1945, S. 20, 23
- Franz v. Mecklenburg-Schwerin * 1910, S. 23
- I. v. Habsburg, der Schöne 1286–1330, S. 6, 27, 70
- II. v. Habsburg 1327–1344, S. 6
- III. v. Habsburg 1347–1362, S. 6
- IV. v. Habsburg (Tirol) mit der leeren Tasche 1382–1439, S. 6, 14

Friedrich V. v. Habsburg (III. v. Österreich) 1415–1493, S. 6, 27, 57
- Heinrich v. Oranien 1584–1647, S. 42
- v. Hessen-Homburg 1585–1638, S. 18
- V. v. Hessen-Homburg 1748–1820, S. 19
- I. v. Hessen-Kassel (Schweden) 1676–1751, S. 18, 25, 49, 52
- II. v. Hessen-Kassel 1720–1785, S. 18, 30
- v. Hessen-Kassel 1747–1837, S. 18
- I. v. Hohenstaufen (Barbarossa) 1122–1190, S. 3, 27
- II. v. Hohenstaufen 1194–1250, S. 3, 27, 28, 53
- III. v. Holstein-Gottorp 1597–1659, S. 21, 50
- IV. v. Holstein-Gottorp 1671–1702, S. 49, 50
- Josias v. Sachsen-Coburg * 1918, S. 22
- Karl v. Hessen-Kassel 1868–1940, S. 18, 26
- Karl v. Preußen 1828–1885, S. 25
- Karl v. Württemberg 1652–1698, S. 13
- (Frederick) v. Kent * 1979, S. 31
- v. Lothringen (Papst Stephan IX.), S. 66
- IV. v. Lothringen 1282–1328, S. 6
- Ludwig v. Mecklenburg-Schwerin 1778–1819, S. 22, 23, 75
- Ludwig v. Wales 1707–1751, S. 30
- I. v. Mecklenburg-Schwerin 1638–1688, S. 23
- II. v. Mecklenburg-Schwerin, 1717–1785, S. 23
- Michael v. Birkenfeld-Zweibrücken 1724–1767, S. 15, 17
- d. Niederlande 1797–1881, S. 25, 43
- I. v. Nürnberg † 1201, S. 24
- II. v. Nürnberg † 1251, S. 24
- V. v. Nürnberg 1333–1398, S. 24
- VI. v. Nürnberg 1371–1440, S. 24
- I. v. Österreich (Babenberger) † 1198, S. 4
- II. v. Österreich (Babenberger), der Streitbare † 1246, S. 4
- III. v. Österreich (V. v. Habsburg) 1415–1493, S. 6, 27, 57
- v. Österreich 1856–1936, S. 8
- I. v. d. Pfalz, der Siegreiche 1425–1476, S. 14
- II. v. d. Pfalz, der Weise 1482–1556, S. 14, 46
- I. v. Pfalz-Simmern 1417–1480, S. 14
- III. v. Pfalz-Simmern, der Fromme 1515–1576, S. 14
- IV. v. Pfalz-Simmern 1574–1610, S. 14, 42
- V. v. Pfalz-Simmern 1596–1632, S. 14, 30, 72
- I. v. Preußen (III. v. Brandenburg) 1657–1713, S. 18, 20, 23, 25
- II. v. Preußen 1712–1786, S. 20, 25
- III. v. Preußen 1831–1888, S. 25, 26, 27, 31
- v. Preußen 1891–1927, S. 47
- II. v. Sachsen 1412–1464, S. 6
- v. Sachsen-Hildburghausen 1763–1834, S. 23
- Salvator v. Österreich-Toscana * 1927, S. 62

Friedrich v. Schaumburg-Lippe 1868–1945, S. 47
- v. Schleswig-Holstein 1814–1885, S. 47
- I. v. Schwaben † 1105, S. 2, 3
- II. v. Schwaben 1090–1147, S. 3
- III. v. Schwaben (I. v. Hohenstaufen) 1122–1190, S. 3, 27
- IV. v. Schwaben † 1167, S. 3
- V. v. Schwaben 1164–1191, S. 3
- I. v. Schweden (Hessen-Kassel) 1676–1751, S. 18, 25, 49, 52
- Viktor v. Hohenzollern-Sigmaringen 1891–1965, S. 21, 24
- Wilhelm v. Brandenburg, der Große Kurfürst 1620–1688, S. 24, 25, 42
- Wilhelm v. Brandenburg-Schwedt 1700–1771, S. 25
- Wilhelm v. Braunschweig-Wolfenbüttel 1771–1815, S. 12, 20
- Wilhelm v. Hessen-Kassel 1820–1884, S. 18, 25
- Wilhelm I. v. Hessen-Kassel 1802–1875, S. 18
- Wilhelm v. Hohenzollern-Sigmaringen * 1924, S. 24
- Wilhelm Karl v. Preußen 1783–1851, S. 19, 25
- Wilhelm v. Kurland † 1711, S. 75
- Wilhelm v. Mecklenburg-Schwerin 1675–1713, S. 18, 23
- Wilhelm v. Mecklenburg-Strelitz 1819–1904, S. 23, 30
- Wilhelm I. v. Preußen (Soldatenkönig) 1688–1740, S. 25, 30
- Wilhelm II. v. Preußen 1744–1797, S. 19, 20, 25
- Wilhelm III. v. Preußen 1770–1840, S. 23, 25
- Wilhelm IV. v. Preußen 1795–1861, S. 17, 25
- I. v. Württemberg 1557–1608, S. 13
- II. Eugen v. Württemberg 1732–1797, S. 13, 25
- I. (Kg.) v. Württemberg 1754–1816, S. 13, 20, 30
- v. Württemberg 1808–1870, S. 13

Frowiza; Gem. Adalberts v. Österreich (Babenberger), S. 4
Fürstenberg-Weitra, Josepha 1776–1848; Gem. Johanns I. v. Liechtenstein, S. 10
Fulco v. Este † 1128, S. 3
Fulkila, Ebba Munck v. 1858–1946; Gem. Oskar Bernadottes, S. 51

Gabriella v. Kent * 1981, S. 31
Gaetani, Benedikt (Papst Bonifatius VIII.), S. 66
Galeazzo Maria Sforza v. Mailand 1444–1476, S. 63
Ganew, Dimitri, Staatsoberhaupt v. Bulgarien 1958–1964, S. 68
Garibaldi, Giuseppe 1807–1882, S. 65
Gaston v. Orléans 1608–1660, S. 35
- v. Orléans 1842–1922, S. 38, 58
Gaulle, Charles de, Staatsoberhaupt v. Frankreich 1944–1946 u. 1959–1969, S. 40
Geddes, Margaret * 1913; Gem. Ludwigs v. Hessen-Darmstadt, S. 19
Gelasius I., Papst 492–496, S. 66
- II., Papst 1118–1119, S. 66
Geldern, Adelheid v. † 1218; Gem. Wilhelms I. v. Holland, S. 42

Geldern, Margarethe v. † 1486; Gem. Friedrichs I. v. Pfalz-Simmern, S. 14
- Marie v. † 1463; Gem. Jakobs II. v. Schottland, S. 30
Genf, Robert v. (Gegenpapst Clemens VII.), S. 66
Genga, Annibale Gf. della (Papst Leo XII.), S. 66
Georg Alexander v. Mecklenburg-Strelitz 1859–1909, S. 23
- v. Bayern-Landshut † 1503, S. 73
- v. Braunschweig-Kalenberg 1582–1641, S. 18, 20
- v. Dänemark 1653–1708, S. 30, 46
- Donatus v. Hessen-Darmstadt 1906–1937, S. 19, 67
- I. v. England 1660–1727, S. 20, 30, 32
- II. v. England 1683–1760, S. 30, 32
- III. v. England 1738–1820, S. 23, 30, 32
- IV. v. England 1762–1830, S. 20, 30, 32
- V. v. England 1865–1936, S. 13, 31, 32
- VI. v. England 1895–1952, S. 31, 32
- Friedrich v. Mecklenburg-Strelitz 1779–1860, S. 18, 23
- I. v. Griechenland (Wilhelm v. Dänemark) 1845–1913, S. 47, 67, 76
- II. v. Griechenland 1890–1947, S. 67, 68
- v. Griechenland 1869–1957, S. 39, 67
- V. v. Hannover 1819–1878, S. 20, 23
- I. v. Hessen-Darmstadt, der Fromme 1547–1596, S. 18
- II. v. Hessen-Darmstadt 1605–1661, S. 18, 21
- Johann I. v. Pfalz-Veldenz 1543–1592, S. 14, 49
- v. Kent 1902–1942, S. 31, 67
- v. Kent * 1962, S. 31
- v. Liechtenstein * 1911, S. 10, 13
- Ludwig v. Hannover s. Georg I. v. England
- v. Mecklenburg-Strelitz 1824–1876, S. 23, 75
- v. Mecklenburg-Strelitz 1899–1963, S. 9, 23
- Michailowitsch v. Rußland 1863–1919, S. 67, 76
- v. Oldenburg 1719–1763, S. 50
- Petrović Karadjordjević v. Serbien (Kara Georg) 1752–1817, S. 69
- v. Sachsen, der Bärtige 1471–1539, S. 6, 73
- v. Sachsen 1832–1904, S. 21, 58
- v. Sachsen 1893–1943, S. 21
- II. v. Sachsen-Meiningen † 1914, S. 25
- v. Sachsen-Weimar * 1921, S. 22
- Wilhelm v. Brandenburg 1595–1640, S. 14, 24
- Wilhelm v. Braunschweig-Celle 1624–1705, S. 20
- Wilhelm v. Hannover * 1915, S. 20, 67
- Wilhelm v. Hessen-Darmstadt 1722–1782, S. 18
- I. v. Württemberg 1498–1558, S. 13, 18
George s. Georg
Gerberga v. Burgund † 1000; Gem. Hermanns II. v. Schwaben, S. 2, 36
- v. Italien † 774; Gem. Karlmanns, S. 1

Gerberga v. Sachsen † 984; Gem. Giselberts v. Lothringen und Ludwigs IV. v. Frankreich, S. 1, 2
Gerhard III. v. Holstein, Reichsverweser v. Dänemark 1326–1340, S. 48
Gertrud v. Meran † 1213; Gem. Andreas' II. v. Ungarn, S. 70
- v. Österreich † 1151; Gem. Wladislaws II. v. Böhmen, S. 4, 72
- v. Österreich † 1241; Gem. Heinrichs IV. Raspe v. Thüringen, S. 4
- v. Österreich † 1288; Gem. Wladislaws v. Mähren u. Hermanns IV. v. Baden, S. 4, 72
- v. Polen; Gem. Heinrichs IV. v. Kärnten, S. 5
- v. Sachsen † 1196; Gem. Friedrichs IV. v. Schwaben u. Knuts VI. v. Dänemark, S. 3, 45
- v. Sulzbach † 1146; Gem. Konrads III., S. 2, 3
Geyer v. Geyersberg (Hochberg), Luise Karoline v. † 1820; Gem. Karl Friedrichs v. Baden, S. 12
Geza v. Ungarn † 997, S. 70
- I. v. Ungarn † 1077, S. 70, 71
- II. v. Ungarn † 1161, S. 70, 71
Gheenst, Johanna v. d., S. 54
Gheorghiu-Dej, Gheorge, Staatsoberhaupt v. Rumänien 1961–1965, S. 68
Gilpin, John 1930–1983, S. 41
Giovanni s. Johannes
Giscard d'Estaing, Valéry, Staatspräsident v. Frankreich 1974–1981, S. 40
Gisela v. Bayern † 1033; Gem. Stephans I. v. Ungarn, S. 2, 70
- v. Burgund † 1004; Gem. Heinrichs II. v. Bayern, S. 2, 36
- v. Franken 820–874; Gem. d. Eberhard v. Friaul, S. 1
- v. Österreich 1856–1932; Gem. Leopolds v. Bayern, S. 9, 17
- v. Schwaben † 1043; Gem. Bruns v. Braunschweig, Ernsts I. v. Schwaben und Konrads II., S. 2, 4
Giselbert v. Lothringen † 939, S. 2
Gisikis, Phaidon, Staatspräsident v. Griechenland 1973–1974, S. 67
Glismod; Gem. Adalberts v. Österreich, S. 4
Glismut; Gem. Konrads im Lahngau, S. 1
Glogau, Beatrix v. † 1322; Gem. Ludwigs IV. des Bayern, S. 16
Godoy, Manuel de 1767–1851, S. 55
Görz, Albrecht v. † 1304, S. 5
- Elisabeth v. 1262–1313; Gem. Albrechts I. v. Habsburg, S. 5, 6
- Elisabeth v. † n. 1352; Gem. Peters II. v. Sizilien, S. 3
- Katharina v. † 1391; Gem. Johanns II. v. Bayern, S. 16
Gomes, Teixeira, Staatspräsident v. Portugal 1923–1925, S. 59
Gómez-Acebo, Luis * 1934, S. 55
- Margarita * 1935; Gem. Simeons II. v. Bulgarien, S. 68
Gonzaga, Anna, v. Mantua 1616–1684; Gem. Eduards v. d. Pfalz, S. 14
- Anna Katharina, v. Mantua 1566–1621; Gem. Ferdinands v. Tirol, S. 7
- Eleonore 1598–1655; Gem. Ferdinands II. v. Habsburg, S. 7, 62
- Eleonore 1630–1686; Gem. Ferdinands III. v. Habsburg, S. 7, 62

Gonzaga, Maria 1609–1660; Gem. Karls II. v. Mantua, S. 62
- Maria Ludovica 1611–1667; Gem. Wladislaws IV. und Johanns II. v. Polen, S. 73
Gorbatschow, Michail, Staatsoberhaupt d. UdSSR s. 1988, S. 77
Got, Raimond Bertrand de (Papst Clemens V.), S. 66
Gottwald, Klement, Staatsoberhaupt der Tschechoslowakei 1948–1953, S. 72
Gouin, Félix, Staatspräsident v. Frankreich 1946–1947, S. 40
Goyon de Matignon, Jacques François Léonor de 1689–1751, S. 41
Gracia Patricia v. Monaco (Grace Kelly) 1929–1982; Gem. Rainiers III. v. Monaco, S. 41
Gray (Grey), Heinrich † 1554, S. 29
- Jane 1537–1554; Gem. d. Guilford Dudley, S. 29
Gregor I., Papst 590–604, der Große, S. 66
- II., Papst 715–731, S. 66
- III., Papst 731–741, S. 66
- IV., Papst 827–844, S. 66
- V., Papst 996–999 (Brun v. Kärnten), S. 2, 66
- VI., Gegenpapst 1012, S. 66
- VI., Papst 1045–1046, S. 66
- VII., Papst 1073–1085 (Hildebrand), S. 66
- VIII., Gegenpapst 1118–1121, S. 66
- VIII., Papst 1187, S. 66
- IX., Papst 1227–1241 (Ugolino v. Ostia Gf. v. Segni), S. 66
- X., Papst 1271–1276 (Tebaldo Visconti), S. 66
- XI., Papst 1370–1378 (Pierre Roger de Beaufort), S. 66
- XII., Papst 1406–1415, S. 66
- XIII., Papst 1572–1585, S. 66
- XIV., Papst 1590–1591, S. 66
- XV., Papst 1621–1623, S. 66
- XVI., Papst 1831–1846 (Bartolomeo Cappelari), S. 66
Grévy, Jules, Staatspräsident v. Frankreich 1879–1887, S. 40
Grey s. Gray
Grimaldi, Anton, v. Monaco 1661–1731, S. 41
- Luise, v. Monaco 1697–1731; Gem. d. Jacques François Leonor de Goyon de Matignon, S. 41
- Rainier, aus Genua † 1314, S. 41
Grimoard, Guillaume de (Papst Urban V.), S. 66
Gromyko, Andrei, Staatsoberhaupt d. UdSSR 1985–1988, S. 77
Gronchi, Giovanni, Staatspräsident v. Italien 1955–1962, S. 61
Groza, Petru, Staatsoberhaupt v. Rumänien 1952–1958, S. 68
Guillermo, Jorge * 1946, S. 43
Guise, Johann (Jean) de 1874–1940, S. 38
- Louis Joseph de 1650–1671, S. 35
- Maria de † 1560; Gem. Jakobs V. v. Schottland, S. 30
- René v. 1409–1480, S. 34
Gundakar v. Liechtenstein 1580–1658, S. 10

Gustav Erikson v. Schweden 1568–1607, S. 49
- I. Wasa v. Schweden 1496–1560, S. 49, 52
- II. Adolf v. Schweden 1594–1632, S. 23, 24, 49, 52
- III. v. Schweden 1746–1792, S. 47, 50, 52
- IV. Adolf v. Schweden 1778–1837, S. 12, 50, 52
- V. v. Schweden 1858–1950, S. 12, 51, 52
- VI. Adolf v. Schweden 1882–1973, S. 19, 31, 51, 52
- Adolf v. Schweden 1906–1947, S. 22, 51

Gustave Caroline v. Mecklenburg-Strelitz 1694–1748; Gem. Christians II. Ludwig v. Mecklenburg-Schwerin, S. 23

Gutmann, Elisabeth v. 1875–1947; Gem. Franz' I. v. Liechtenstein, S. 10

Guzman, Eleonore de † 1351, S. 53
- Eleonore de † 1512; Gem. d. Jaime v. Braganza, S. 57
- Luise Franziska v. 1613–1666; Gem. Johanns IV. v. Portugal, S. 58

Haakon III. Sverresson v. Norwegen 1152–1204, S. 45, 48
- IV. der Alte v. Norwegen 1204–1263, S. 45, 48
- V. Magnusson v. Norwegen 1270–1319, S. 45, 48
- VI. Magnusson v. Norwegen und Schweden 1338–1380, S. 45, 48, 52
- VII. v. Norwegen (Carl v. Dänemark) 1872–1957, S. 31, 47, 48
- Magnus v. Norwegen * 1973, S. 47

Habsburg-Lothringen, Adelheid 1914–1971, S. 9
- -Lothringen, Carl Christian * 1954, S. 9, 43
- -Lothringen, Charlotte * 1921; Gem. Georgs v. Mecklenburg-Strelitz, S. 9, 23
- -Lothringen, Elisabeth Charlotte * 1922; Gem. Heinrichs v. Liechtenstein, S. 9, 10
- -Lothringen, Felix * 1916, S. 9
- -Lothringen, Karl Ludwig * 1918, S. 9
- -Lothringen, Lorenz (v. Österreich-Este) * 1955, S. 9, 44
- -Lothringen, Otto (Otto v. Habsburg, Franz Joseph Otto) * 1912, S. 9
- -Lothringen, Robert (v. Österreich-Este) * 1915, S. 9, 61
- -Lothringen, Rudolf * 1919, S. 9

Hacha, Emil, Staatsoberhaupt der Tschechoslowakei 1938–1939, S. 72

Hadrian, I., Papst 772–795, S. 66
- II., Papst 867–872, S. 66
- III., Papst 884–885, S. 66
- IV., Papst 1154–1159 (Nikolaus Breakspeare), S. 66
- V., Papst 1276 (Ottobono Fieschi), S. 66
- VI., Papst 1521–1523 (Adriaan Floriszoon v. Utrecht), S. 66

Haimon v. Savoyen-Aosta 1900–1948, S. 61, 67

Hainisch, Michael, österreichischer Bundespräsident 1920–1928, S. 27

Halicz, Kunigunde v. † 1285; Gem. Ottokars II. v. Böhmen, S. 70, 72
- Leo v. † 1301, S. 70
- Roman v., S. 4

Hans Adam v. Liechtenstein * 1945, S. 10
Harald v. Dänemark 1876–1949, S. 47
- I. v. Norwegen † ~ 933, S. 45
- v. Norwegen * 1937, S. 47
Haraldsen, Sonja (Sonja v. Norwegen) * 1937; Gem. Haralds v. Norwegen, S. 47
Hardouin, Henriette, S. 33
Harrach, Auguste v. 1800–1873; Gem. Friedrich Wilhelms III. v. Preußen, S. 25
- Marie Josefa v. † 1788; Gem. d. Johann Nepomuk Karl v. Liechtenstein, S. 10
Hartmann v. Liechtenstein 1544–1585, S. 10
- v. Liechtenstein 1613–1686, S. 10
Hasani, Sinan, jug. Staatsoberhaupt 1986–1987, S. 69
Hatheburg v. Sachsen † 906/09; Gem. Heinrichs I., S. 2
Haucke, Julie (v. Battenberg) 1825–1895; Gem. Alexanders v. Hessen-Darmstadt, S. 19
Haunz, Sonja * 1944; Gem. d. Lennart Bernadotte, S. 51
Hedwig † 903; Gem. Ottos v. Sachsen, S. 2
- v. Dänemark 1581–1641; Gem. Christians II. v. Sachsen, S. 46
- Eleonora v. Holstein-Gottorp 1636–1715; Gem. Karls X. v. Schweden, S. 49, 50
- Elisabeth Charlotte v. Oldenburg 1759–1818; Gem. Karls XIII. v. Schweden, S. 50
- v. Großpolen-Kalisch † 1340; Gem. Wladislaws I. v. Polen, S. 73
- v. Habsburg † 1303; Gem. Ottos IV. v. Brandenburg, S. 6, 72
- v. Holstein † 1325; Gem. Magnus' I. Ladulas v. Schweden, S. 45
- v. Holstein † 1436; Gem. Dietrichs v. Oldenburg, S. 46
- v. Holstein-Gottorp 1603–1657; Gem. Augusts v. Sulzbach, S. 15, 50
- v. Polen 1371–1399; Gem. Jagiellos v. Litauen (Wladislaw II. v. Polen), S. 73, 74
- v. Polen 1457–1509; Gem. Georgs v. Bayern-Landshut, S. 73
- v. Polen 1513–1573; Gem. Joachims II. v. Brandenburg, S. 73
- v. Sachsen 922–965; Gem. Hugos v. Franzien, S. 2, 33
- v. Schlesien † 1390; Gem. Kasimirs III. v. Polen, S. 73
- Sophia v. Schweden 1681–1708; Gem. Friedrichs IV. v. Holstein-Gottorp, S. 49, 50
- Sophie v. Brandenburg 1623–1683; Gem. Wilhelms VI. v. Hessen-Kassel, S. 18, 24
Heilwig v. Schleswig † 1374; Gem. Waldemars IV. v. Dänemark, S. 45
Heine, Alice 1858–1925; Gem. Alberts I. v. Monaco, S. 41
Heinemann, Gustav, deutscher Bundespräsident 1969–1974, S. 27
Heinrich I. 876–936, S. 2, 27
- II., der Heilige 973–1024, S. 2, 27
- III. 1017–1056, S. 2, 27
- IV. 1050–1106, S. 2, 27
- V. 1081–1125, S. 2, 27, 28
- VI. 1165–1197, S. 3, 27, 36
- (VII.) 1211–1242, S. 3, 4, 27
- I. v. Bayern 919–955, S. 2

Heinrich II. v. Bayern, der Zänker 951–995, S. 2, 36
- IX. v. Bayern, der Schwarze ~ 1074–1126, S. 3, 70
- X. v. Bayern und Sachsen, der Stolze 1100–1139, S. 3
- XI. v. Bayern und Sachsen, der Löwe 1129–1195, S. 3, 28
- IV. v. Bourbon-Navarra (Frankreich) 1553–1610, S. 34, 35, 40, 62
- I. v. Brabant † 1235, S. 33
- v. Braunschweig-Dannenberg 1533–1598, S. 20
- v. Burgund † 1071/73, S. 36
- v. Burgund 1066–1112, S. 36
- I. v. Condé 1552–1588, S. 37
- II. v. Condé 1588–1646, S. 37
- v. England, der Jüngere 1155–1183, S. 28, 33
- I. v. England 1068–1135, S. 28, 32
- II. v. England, Plantagenet 1133–1189, S. 28, 32
- III. v. England 1207–1272, S. 28, 32, (53)
- IV. v. England 1367–1413, S. 29, 32
- V. v. England 1387–1422, S. 29, 32, 34
- VI. v. England 1421–1471, S. 29, 32, 34
- VII. v. England 1457–1509, S. 29, 32
- VIII. v. England 1491–1547, S. 29, 32, 53
- v. England * 1984, S. 31
- (Henry) v. Gloucester 1900–1974, S. 31
- I. v. Frankreich 1008–1060, S. 33, 40
- II. v. Frankreich 1519–1559, S. 34, 40, 62
- III. Frankreich 1551–1589 (H. v. Valois), S. 34, 40, 74
- IV. v. Frankreich (Bourbon-Navarra) 1553–1610, S. 34, 35, 40, 62
- I. v. Hannover (Pfgr.) 1173–1227, S. 3
- II. v. Hannover 1195–1214, S. 3
- II. Jasomirgott v. Österreich 1112–1177, S. 4
- III. Julius (Henri Jules) de Condé 1643–1709, S. 14, 37
- IV. v. Kärnten † 1123, S. 5
- V. v. Kärnten † 1161, S. 5
- VI. v. Kärnten † 1335, S. 5, 72
- v. Kärnten † nach 1269, S. 5
- Kasimir v. Oranien 1657–1696, S. 42
- I. v. Kastilien 1204–1217, S. 53
- II. v. Kastilien und Leon, der Unechte 1334–1379, S. 53
- III. v. Kastilien und Leon 1379–1406, S. 29, 53
- IV. v. Kastilien und Leon, 1425–1474, S. 53
- v. Liechtenstein * 1916, S. 9, 10
- II. v. Luxemburg 1217–1281, S. 11
- III. v. Luxemburg 1240–1288, S. 11
- VII. (IV.) v. Luxemburg 1274–1313, S. 11, 27
- (Henri) v. Luxemburg * 1955, S. 43
- I. v. Mecklenburg † 1383, S. 45

Heinrich v. Mecklenburg-Schwerin 1876–1934, S. 23, 43
- IV. v. Navarra (Bourbon, Frankreich) 1553–1610, S. 34, 35, 40, 62
- I. v. Niederbayern † 1190, S. 3, 70
- I. v. Österreich (Babenberger) † 1018, S. 4
- II. Jasomirgott v. Österreich (Babenberger) 1112–1177, S. 4
- v. Österreich (Babenberger) † 1227, S. 4
- (Henri) v. Orléans (Gf. v. Paris) * 1908, S. 38
- (Henri) v. Orléans * 1933, S. 13, 38
- I. v. Portugal (Enrique) 1512–1580, S. 57, 59
- v. Portugal, der Seefahrer 1394–1460, S. 57
- v. Preußen 1862–1929, S. 19, 26
- v. Schwaben 1143–1150, S. 3, 27
- v. Speyer 970–989, S. 2
- v. Tirol † ~ 1190, S. 5
- v. Valois, Kg. v. Polen 1572–1574 (Heinrich III. v. Frankreich) † 1589, S. 34, 40, 74

Helena v. Dänemark † 1233; Gem. Wilhelms v. Lüneburg, S. 3, 45
- v. England 1846–1923; Gem. Christians v. Schleswig-Holstein, S. 31, 47
- v. Montenegro 1873–1952; Gem. Viktor Emanuels III. v. Italien, S. 61, 69
- v. Rumänien (Magda Lupescu); Gem. Carols II. v. Rumänien, S. 68
- (Elena) v. Spanien * 1963, S. 55
- Wladimirowna v. Rußland 1882–1957; Gem. Nikolaus' v. Griechenland, S. 67, 76

Helene in Bayern 1834–1890; Gem. Maximilians v. Thurn und Taxis, S. 17
- v. Griechenland 1896–1982; Gem. Carols II. v. Rumänien, S. 67, 68
- v. Jugoslawien 1884–1962, Gem. d. Iwan v. Rußland, S. 69, 76
- v. Kent (Windsor) * 1964, S. 31
- v. Mecklenburg-Schwerin 1814–1858; Gem. Ferdinands v. Orléans, S. 23, 38
- v. Moskau 1476–1513; Gem. Alexanders v. Polen, S. 73
- v. Österreich-Toscana 1903–1924; Gem. Philipp Albrechts v. Württemberg, S. 13, 62
- v. Orléans 1871–1951; Gem. Emanuel Philiberts v. Savoyen, S. 38, 61
- Paulowna v. Rußland 1784–1803; Gem. Friedrich Ludwigs v. Mecklenburg-Schwerin, S. 23, 75
- v. Schleswig 1888–1962; Gem. Haralds v. Dänemark, S. 47
- v. Serbien † nach 1146; Gem. Belas II. v. Ungarn, S. 70
- v. Ungarn † 1199; Gem. Leopolds V. v. Österreich (Babenberger), S. 4, 70

Henneberg, Irmgard v. † 1197; Gem. Konrads v. d. Pfalz, S. 3
Hennegau, Isabella v. † 1190; Gem. Philipps II. August v. Frankreich, S. 33
- Johann I. v. † 1257, S. 42
- Philippa v. † 1369; Gem. Eduards III. v. England, S. 28, 29, 42

Henri, Henry s. Heinrich
Henriette v. Anhalt-Dessau † 1726; Gem. d. Heinrich Kasimir v. Oranien, S. 42
- Anne v. England 1644–1670; Gem. Philipps I. v. Orléans, S. 30, 35, 38
- v. Liechtenstein 1843–1931; Gem. Alfreds v. Liechtenstein, S. 10
- Maria v. Frankreich 1609–1669; Gem. Karls I. v. England, S. 30, 35

Henriette Marie v. d. Pfalz 1626–1651; Gem. d. Siegmund Rakoczy, S. 14
- v. Nassau-Weilburg 1770–1857; Gem. Ludwigs v. Württemberg, S. 13
- v. Nassau-Weilburg 1797–1829; Gem. Karls v. Österreich, S. 8
Hereford, Maria v. † 1394; Gem. Heinrichs IV. v. England, S. 29
Herkules I. (Ercole) v. Este-Ferrara 1431–1505, S. 63
- II. (Ercole) v. Este-Ferrara 1508–1559, S. 34, 63
- III. Rainald v. Este-Modena 1727–1803, S. 63
Hermann IV. v. Baden † 1250, S. 4
- v. Hessen-Rotenburg 1607–1658, S. 18
- II. v. Kärnten † 1181, S. 5
- II. v. Schwaben † 1003, S. 2, 36
- III. v. Schwaben † 1012, S. 2
- IV. v. Schwaben † 1038, S. 2, 4
- zu Wied 1814–1864, S. 43
Hermine v. Anhalt † 1817; Gem. Josephs v. Österreich, S. 8
Heuss, Theodor, deutscher Bundespräsident 1949–1959, S. 27
Hilarius, Papst 461–468, S. 66
Hilda v. Nassau 1864–1952; Gem. Friedrichs II. v. Baden, S. 12, 43
Hildebrand (Papst Gregor VII.), S. 66
Hildegard v. Bayern 1825–1864; Gem. Albrechts v. Österreich, S. 8, 17
- v. Schwaben † 1094/95; Gem. Friedrichs v. Büren, S. 3
Hildegarde von Schwaben † 783; Gem. Karls d. Großen, S. 1
Hindenburg, Paul v., deutscher Reichspräsident 1925–1934, S. 27
Hippolita v. Este † 1656; Gem. d. Borso v. Este-Modena, S. 63
Hippolyt, Gegenpapst 217–235, S. 66
- v. Este 1479–1520, S. 63
Hitler, Adolf, deutsches Staatsoberhaupt 1934–1945, S. 27
Hochberg, Luise Karoline v. (Geyer v. Geyersberg) † 1820; Gem. Karl Friedrichs v. Baden, S. 12
Holand, Margaret † 1439; Gem. Johann Beauforts, S. 29
Hohenberg, Ernst v. 1904–1954, S. 9
- Gertrud v. (Anna v. Habsburg) 1225–1281; Gem. Rudolfs I. v. Habsburg, S. 6
- Maximilian v. 1902–1962, S. 9
- Sophie v. (Chotek) 1868–1914; Gem. Franz Ferdinands v. Österreich, S. 9
- Sophie v. * 1901; Gem. Friedrichs v. Nostitz-Rieneck, S. 9
Hohenlohe-Langenburg, Adelheid v. 1835–1900; Gem. Friedrichs VIII. Christian v. Holstein-Augustenburg, S. 47
- -Langenburg, Ernst v. 1863–1950, S. 31
- -Langenburg, Gottfried v. 1897–1960, S. 31, 67
- -Neuenstein, Margarethe v. † 1522; Gem. Alexanders v. Pfalz-Zweibrücken, S. 14
- -Schillingsfürst, Franziska v. * 1897; Gem. Maximilians v. Österreich, S. 9
Holnstein, Franz Ludwig Gf. v. 1723–1780, S. 16
Holszany, Sophie v. † 1461; Gem. Jagiellos v. Litauen, S. 73
Honoré II. v. Monaco † 1662, S. 41

Honoré III. v. Monaco 1720–1795, S. 41
- IV. v. Monaco 1758–1819, S. 41
- V. v. Monaco 1778–1841, S. 41
Honorius I., Papst 625–638, S. 66
- II., Gegenpapst 1061–1072, S. 66
- II., Papst 1124–1130, S. 66
- III., Papst 1216–1227, S. 66
- IV., Papst 1285–1287, S. 66
Horthy, Nikolaus v. Nagybánya, Reichsverweser v. Ungarn 1920–1944, S. 71
Hormisdas, Papst 514–523, S. 66
Howard, Katharina † 1542; Gem. Heinrichs VIII. v. England, S. 29
Hubertus Salvator v. Österreich-Toscana 1894–1971, S. 62
Hugo I. v. Burgund 1056–1093, S. 36
- II. v. Burgund 1085–1143, S. 36
- III. v. Burgund 1148–1192, S. 36
- IV. v. Burgund 1212–1273, S. 36
- V. v. Burgund † 1315, S. 36
- Capet † 996, S. 2, 33, 40
- v. Franzien † 956, S. 2, 33
- v. Italien † 947, S. 1
- Karl (Carlos) v. Bourbon-Parma * 1930, S. 43, 64
Humbert I. (Umberto) v. Italien 1844–1900, S. 61
- II. (Umberto) v. Italien 1904–1983, S. 44, 61
Humphrey v. Gloucester † 1447, S. 42
Hunyadi, Johann, Reichsverweser in Ungarn 1446–1452, S. 71
- v. Kethely, Julie 1831–1919; Gem. Michael Obrenovićs v. Serbien, S. 69
Husak, Gustav, Staatsoberhaupt der Tschechoslowakei seit 1975, S. 72
Hyde, Anna † 1671; Gem. Jakobs II. v. England, S. 30
Hyginus, Papst 136–140, S. 66

Ida v. Braunschweig; Gem. Leopolds v. Österreich, S. 2, 4
- v. Cham; Gem. Leopolds II. v. Österreich (Babenberger), S. 4
Ileana v. Rumänien * 1909; Gem. Antons v. Toscana, S. 55, 68
Ingeborg v. Dänemark † 1287; Gem. Magnus VI. Lagabote v. Norwegen, S. 45
- v. Dänemark 1347–1370; Gem. Heinrichs I. v. Mecklenburg, S. 45
- v. Dänemark 1878–1958; Gem. Carls v. Schweden, S. 47, 51
- v. Norwegen 1301–1361; Gem. Eriks v. Schweden, S. 45
- v. Schweden † 1319; Gem. Eriks VI. Menved v. Dänemark, S. 45
Ingeltrud † nach 836; Gem. Pippins I. v. Aquitanien, S. 1
Ingenheim, Sophie v. 1704–1745, S. 16
Ingrid v. Schweden * 1910; Gem. Friedrichs IX. v. Dänemark, S. 47, 51
Innozenz I., Papst 402–417, S. 66
- II., Papst 1130–1143, S. 66
- III., Gegenpapst 1179–1180, S. 66

Innozenz III., Papst 1198–1216 (Lothar v. Segni), S. 66
- IV., Papst 1243–1254 (Sinibaldo Fieschi), S. 66
- V., Papst 1276, S. 66
- VI., Papst 1352–1362, S. 66
- VII., Papst 1404–1406, S. 66
- VIII., Papst 1484–1492, S. 66
- IX., Papst 1591, S. 66
- X., Papst 1644–1655 (Giambattista Pamfili), S. 66
- XI., Papst 1676–1689 (Benedetto Odescalchi), S. 66
- XII., Papst 1691–1700, S. 66
- XIII., Papst 1721–1724, S. 66

Irene v. Byzanz † 1208; Gem. Philipps v. Schwaben, S. 3
- v. Griechenland 1904–1974; Gem. d. Haimon v. Savoyen-Aosta, S. 61, 67
- v. Griechenland * 1942, S. 67
- v. Hessen-Darmstadt 1866–1953; Gem. Heinrichs v. Preußen, S. 19, 26
- d. Niederlande * 1939; Gem. d. Hugo Carlos v. Bourbon-Parma, S. 43, 64

Irina Alexandrowna v. Rußland 1895–1970; Gem. d. Felix Jussupoff, S. 76
Irmentrud v. Luxemburg † 1057; Gem. Welfs II., S. 3
Irmgard v. Burgund † nach 1057; Gem. Rudolfs III. v. Burgund, S. 36
- v. Italien † 897; Gem. Bosos v. Niederburgund, S. 1
- v. Lothringen † 818; Gem. Ludwigs I., des Frommen, S. 1
- v. Tours † 851; Gem. Lothars I. (Mittelreich), S. 1

Irmtrud von Orléans † 869; Gem. Karls II., des Kahlen (Westreich), S. 1
Isabella s. a. Elisabeth
Isabella v. Anjou † nach 1290; Gem. Ladislaus' IV. v. Ungarn, S. 33, 70
- v. Aragon 1243–1271; Gem. Philipps III. v. Frankreich, S. 33, 53
- v. Aragon 1470–1498; Gem. Emanuels I. v. Portugal, S. 53, 57
- v. Aragon † 1524; Gem. d. Johann Galeazzo Sforza v. Mailand, S. 63
- v. Aragon-Urgel 1409–1443; Gem. Peters v. Portugal, S. 57
- v. Bayern 1369–1435; Gem. Karls VI. v. Frankreich, S. 34
- v. Bayern 1863–1924; Gem. d. Thomas v. Savoyen-Genua, S. 17, 61
- v. Bourbon † 1465; Gem. Karls d. Kühnen v. Burgund, S. 36
- v. Bourbon 1602–1644; Gem. Philipps IV. v. Spanien, S. 35, 54
- v. Braganza † 1465; Gem. Johanns v. Portugal, S. 57
- v. Braganza † 1576; Gem. Eduards v. Portugal, S. 57
- v. Brasilien 1846–1921; Gem. d. Gaston v. Orléans, S. 38, 58
- v. Burgund (Elisabeth v. Dänemark) 1501–1526; Gem. Christians II. v. Dänemark, S. 7, 46
- Clara Eugenia v. Spanien 1566–1633; Gem. Albrechts VII. v. Habsburg, S. 7, 54
- v. Este-Modena 1635–1666; Gem. Rainutios II. Farnese v. Parma, S. 63, 64
- v. Frankreich 1292–1357; Gem. Eduards II. v. England, S. 28, 33
- v. Frankreich 1348–1372; Gem. Johann Galeazzos v. Mailand, S. 34
- v. Frankreich 1389–1409; Gem. Richards II. v. England, S. 29, 34
- v. Frankreich (Elisabeth v. Valois) 1545–1568; Gem. Philipps II. v. Spanien, S. 34, 54

Isabella v. Gloucester † 1217; Gem. Johanns I. v. England, S. 28
- v. Kastilien 1355–1393; Gem. Edmunds v. York, S. 29, 53
- v. Kastilien 1451–1504; Gem. Ferdinands V. v. Kastilien (II. v. Aragon), S. 53
- v. Lothringen 1400–1453; Gem. d. René v. Guise, S. 34
- Maria v. Portugal (Maria Conceptione) 1801–1876, S. 58
- v. Orléans 1878–1961; Gem. d. Jean de Guise, S. 38
- v. Orléans-Braganza * 1911; Gem. Heinrichs v. Orléans; S. 38
- v. Parma 1741–1763; Gem. Josephs II. v. Österreich, S. 8, 64
- v. Portugal 1397–1472; Gem. Philipps III. v. Burgund, S. 36, 57
- v. Portugal 1432–1455; Gem. Alphons' V. v. Portugal, S. 57
- v. Portugal 1503–1539; Gem. Karls I. v. Spanien (V. v. Österreich), S. 7, 54, 57
- v. Portugal † 1496; Gem. Johanns II. v. Kastilien, S. 53, 57
- v. Savoyen 1591–1626; Gem. Alphons' I. v. Este-Modena, S. 60, 63
- II. v. Spanien 1830–1904; Gem. d. Francisco de Asis, S. 55, 56

Issarescu, Stefan * 1906, S. 68
Iwan IV. v. Rußland 1530–1584, S. 75
- V. v. Rußland 1666–1696, S. 75, 77
- VI. v. Rußland 1740–1764, S. 75, 77
- Konstantinowitsch v. Rußland 1886–1918, S. 69, 76

Jablonski, Henryk, Staatsoberhaupt v. Polen 1972–1985, S. 74
Jagiello v. Litauen (Wladislaw II. v. Polen) 1354–1434, S. 73, 74
Jaime s. a. Jakob
Jaime v. Bourbon-Parma * 1972, S. 64
- v. Spanien 1908–1975, S. 55
- (III.) v. Spanien 1870–1931, S. 55
Jakob I. v. Aragon 1207–1276, S. 53, 70
- II. v. Aragon 1267–1327, S. 70
- v. Braganza 1479–1532, S. 57
- I. v. England (VI. v. Schottland) 1566–1625, S. 30, 32, 46
- II. v. England 1633–1701, S. 30, 32, 63
- (III.) Eduard v. England 1688–1766, S. 30
- III. v. Mallorca † 1375, S. 70
- I. v. Schottland 1394–1437, S. 29, 30
- II. v. Schottland 1430–1460, S. 30
- III. v. Schottland 1451–1488, S. 30, 46
- IV. v. Schottland 1473–1513, S. 29, 30
- V. v. Schottland 1512–1542, S. 30
- VI. v. Schottland (I. v. England) 1566–1625, S. 30, 32, 46
Jakobäa Maria v. Baden 1507–1580; Gem. Wilhelms IV. v. Bayern, S. 12, 16
- v. Holland 1401–1436, S. 16, 36, 42
James s. Jakob
Jaruzelski, Wojciech, poln. Staatsoberhaupt seit 1985, S. 74
Jean s. Johann

Joachim I. v. Brandenburg 1484–1535, S. 46
- II. v. Brandenburg 1505–1571, S. 73
- v. Dänemark * 1969, S. 47
- Friedrich v. Brandenburg 1546–1608, S. 24
- v. Preußen 1890–1920, S. 26
Joan v. England 1210–1238; Gem. Alexanders II. v. Schottland, S. 28
- v. England 1321–1362; Gem. Davids II. v. Schottland, S. 28
Jobst v. Mähren 1351–1411, S. 11, 27
Johann s. a. Iwan, s. a. Johannes
Johann Adam Andreas v. Liechtenstein 1662–1712, S. 10
- Adolf v. Holstein-Gottorp 1575–1616, S. 46, 50
- Albrecht v. Mecklenburg-Schwerin 1857–1920, S. 20, 22, 23
- I. Albrecht v. Polen 1460–1501, S. 73, 74
- II. v. Aragon 1397–1479, S. 53
- v. Aragon (Juan) 1478–1497, S. 7, 53
- v. Bayern (v. d. Pfalz) 1383–1443, S. 14, 45
- II. v. Bayern 1341–1397, S. 16
- v. Birkenfeld-Gelnhausen 1698–1780, S. 15
- v. Böhmen-Luxemburg 1296–1346, S. 11, 72
- IV. v. Brabant † 1427, S. 36, 42
- I. v. Braganza 1547–1583, S. 57
- v. Burgund † 1268, S. 36
- v. Burgund, ohne Furcht 1371–1419, S. 16, 36, 42
- Christian v. Sulzbach 1700–1733, S. 15
- v. Dänemark 1455–1513, S. 46, 48
- v. Dänemark, d. Ältere 1521–1580, S. 46
- I. v. England, ohne Land 1167–1216, S. 28, 32
- Ernst v. Sachsen-Saalfeld-Coburg 1658–1729, S. 22
- Ernst II. v. Sachsen-Weimar 1627–1683, S. 22
- Ernst III. v. Sachsen-Weimar 1664–1707, S. 22
- Eugen Franz v. Savoyen-Carignan 1714–1734, S. 60
- v. Florenz-Medici 1467–1498, S. 62
- v. Florenz-Medici 1498–1526, S. 62
- II. v. Frankreich, der Gute 1319–1364, S. 11, 34, 40
- Friedrich v. Hannover 1625–1679, S. 14, 20
- Friedrich v. Württemberg 1582–1628, S. 13, 24
- Friso d. Niederlande * 1968, S. 43
- Galeazzo Sforza v. Mailand 1469–1494, S. 63
- Galeazzo Visconti v. Mailand 1351–1402, S. 34
- Gaston Medici v. Toscana 1671–1737, S. 62
- v. Gent 1340–1399, S. 28, 29, 53
- Georg v. Brandenburg 1525–1598, S. 24
- Georg v. Hohenzollern-Sigmaringen * 1932, S. 24, 51
- Georg I. v. Sachsen 1585–1656, S. 13, 21
- Georg II. v. Sachsen 1613–1680, S. 21

Johann Georg III. v. Sachsen 1647–1691, S. 21, 46
- Georg IV. v. Sachsen 1668–1694, S. 21
- v. Habsburg (Parricida) 1290–1313, S. 6
- Heinrich v. Mähren 1322–1375, S. 5, 6, 11
- I. v. Holland 1281–1299, S. 28, 42
- II. v. Holland † 1304, S. 42
- Karl v. Birkenfeld-Gelnhausen 1638–1704, S. 15
- Karl (Juan Carlos) v. Spanien * 1938, S. 54, 55, 67
- Kasimir v. Pfalz-Simmern † 1592, S. 14
- Kasimir v. Pfalz-Zweibrücken 1589–1652, S. 15, 49
- II. Kasimir v. Polen 1609–1672, S. 73, 74
- I. v. Kastilien und Leon 1358–1390, S. 53
- II. v. Kastilien und Leon 1405–1454, S. 53, 57
- I. v. Liechtenstein 1760–1836, S. 10
- II. v. Liechtenstein 1840–1929, S. 10
- v. Luxemburg 1296–1346, S. 11
- (Jean) v. Luxemburg * 1921, S. 43, 44
- (Jean) v. Luxemburg * 1957, S. 43
- Nepomuk Karl v. Liechtenstein 1724–1748, S. 10
- Nepomuk Salvator v. Österreich-Toscana (Johann Orth) 1852–1890 (?), S. 62
- v. Österreich (Juan d'Austria) 1547–1578, S. 54
- v. Österreich 1782–1859, S. 8
- I. v. Pfalz-Simmern 1459–1509, S. 14
- II. v. Pfalz-Simmern 1492–1557, S. 12, 14
- I. v. Pfalz-Zweibrücken 1550–1604, S. 15
- II. v. Pfalz-Zweibrücken 1584–1635, S. 14, 15
- I. v. Portugal, der Unechte 1357–1433, S. 29, 57, 59
- II. v. Portugal 1455–1495, S. 57, 59
- III. v. Portugal 1502–1557, S. 7, 54, 57, 59
- IV. v. Portugal 1604–1656, S. 57, 58, 59
- V. v. Portugal 1689–1750, S. 8, 58, 59
- VI. v. Portugal 1767–1826, S. 55, 58, 59
- v. Portugal 1400–1442, S. 57
- v. Portugal 1537–1554, S. 54, 57
- I. v. Sachsen 1801–1873, S. 17, 21
- v. Sachsen-Weimar 1570–1605, S. 22
- III. v. Schweden 1537–1592, S. 49, 52, 73
- Sigismund v. Brandenburg 1572–1619, S. 24
- III. Sobieski v. Polen, Kg. 1674–1696, S. 74
- v. Sonderburg, der Jüngere 1545–1622, S. 46
- (Juan III.) v. Spanien 1822–1887, S. 55, 63
- (Juan) v. Spanien (Gf. v. Barcelona) * 1913, S. 55, 65
- Wilhelm Friso v. Oranien 1687–1711, S. 18, 42
- Wilhelm v. Pfalz-Neuburg (Jan Willem) 1658–1716, S. 7, 15, 62

Johanna v. Auvergne 1326–1360; Gem. Johanns II. v. Frankreich und Philipps v. Burgund, S. 34, 36
- v. Bayern 1356–1386; Gem. Wenzels IV. v. Böhmen, S. 11, 16
- v. Bourbon † 1377; Gem. Karls V. v. Frankreich, S. 34
- v. Brabant 1322–1406; Gem. Wilhelms IV. v. Holland, S. 42
- v. Burgund † 1329; Gem. Philipps V. v. Frankreich, S. 33
- v. Burgund 1294–1348; Gem. Philipps VI. v. Frankreich, S. 34, 36
- Charlotte v. Anhalt-Dessau 1682–1750; Gem. Philipp Wilhelms v. Brandenburg, S. 25
- Elisabeth v. Baden-Durlach 1680–1757; Gem. Eberhards IV. Ludwig v. Württemberg, S. 12, 13
- Elisabeth v. Holstein-Gottorp 1712–1760; Gem. d. Christian August v. Anhalt-Zerbst, S. 50
- v. Frankreich † 1347; Gem. Eudos IV. v. Burgund, S. 33, 36
- v. Frankreich 1464–1505; Gem. Ludwigs XII. v. Frankreich, S. 34
- v. Kastilien † 1468; Gem. Johanns II. v. Aragon, S. 53
- v. Kent 1331–1385; Gem. Eduards v. England, S. 28, 29
- v. Litauen † 1368; Gem. Kasimirs IV. v. Pommern, S. 73
- v. Luxemburg † 1407; Gem. Antons v. Brabant, S. 36
- v. Nassau-Saarbrücken † 1521; Gem. Johanns I. v. Pfalz-Simmern, S. 14
- I. v. Navarra 1272–1305; Gem. Philipps IV. v. Frankreich, S. 33
- II. v. Navarra 1311–1349; Gem. Philipps III. v. Navarra, S. 33
- I. v. Neapel 1326–1382; Gem. d. Andreas v. Ungarn u.a., S. 34, 70
- II. v. Neapel 1373–1435; Gem. Wilhelms v. Habsburg, S. 6, 70
- v. Österreich 1547–1578; Gem. Franz' I. Medici v. Toscana, S. 7, 62
- v. Savoyen * 1907; Gem. Boris' III. v. Bulgarien, S. 61, 68
- Sofie v. Bayern 1373–1410; Gem. Albrechts IV. v. Habsburg, S. 6, 16
- v. Spanien, die Wahnsinnige (v. Aragon und Kastilien) 1479–1555; Gem. Philipps I. v. Spanien, S. 7, 53, 54
- v. Spanien 1537–1573; Gem. Johanns v. Portugal, S. 54, 57
- v. Toulouse 1220–1271; Gem. Alphons' v. Portiers, S. 33
- v. Valois 1294–1342; Gem. Wilhelms III. v. Holland, S. 34, 42

Johannes I., Papst 523–526, S. 66
- II., Papst 533–535, S. 66
- III., Papst 561–574, S. 66
- IV., Papst 640–642, S. 66
- V., Papst 685–686, S. 66
- VI., Papst 701–705, S. 66
- VII., Papst 705–707, S. 66
- VIII., Gegenpapst 844, S. 66
- VIII., Papst 872–882, S. 66
- IX., Papst 898–900, S. 66
- X., Papst 914–928, S. 66
- XI., Papst 931–935, S. 66
- XII., Papst 955–963, S. 66

Johannes XIII., Papst 965–972, S. 66
- XIV., Papst 983–984, S. 66
- XV., Papst 985–996, S. 66
- XVI., Gegenpapst 997/998, S. 66
- XVII., Papst 1003, S. 66
- XVIII., Papst 1003–1009, S. 66
- XIX., Papst 1024–1032, S. 66
- XXI., Papst 1276–1277, S. 66
- XXII., Papst 1316–1334 (Jacques Duèze), S. 66
- XXIII., Gegenpapst 1410–1415, S. 66
- XXIII., Papst 1958–1963 (Angelo Giuseppe Roncalli), S. 66
- Adam v. Liechtenstein * 1945, S. 10
- v. Florenz-Medici † 1429, S. 62
- v. Florenz-Medici (Papst Leo X.) 1475–1521, S. 62, 66
- (Giovanni) Angelo v. Medici (Papst Pius IV.), S. 66
- Paul I. Papst 1978 (Albino Luciani), S. 66
- Paul II. Papst seit 1978 (Karol Wojtyla), S. 66

Jolante v. Aragon † 1300; Gem. Alphons' X. v. Kastilien, S. 53
- v. Aragon † 1302; Gem. Karl Roberts v. Neapel, S. 3, 70
- v. Aragon † 1443; Gem. Ludwigs II. v. Neapel, S. 34
- v. Jerusalem † 1228; Gem. Friedrichs II. v. Hohenstaufen, S. 3
- v. Ungarn † 1251; Gem. Jakobs I. v. Aragon, S. 53, 70

Jonas, Franz, österreichischer Bundespräsident 1965–1974, S. 27
Joseph Adam v. Liechtenstein 1690–1732, S. 10
- (José) v. Braganza 1720–1801, S. 58
- Ferdinand v. Bayern 1662–1699, S. 16
- Friedrich v. Sachsen-Hildburghausen † 1787, S. 60
- Karl Emanuel v. Pfalz-Sulzbach 1694–1729, S. 15
- v. Monaco 1763–1816, S. 41
- v. Österreich 1776–1847, S. 8, 13, 75
- v. Österreich 1833–1905, S. 8, 44
- I. v. Österreich 1678–1711, S. 8, 20, 27, 71, 72
- II. v. Österreich 1741–1790, S. 8, 16, 27, 64, 71, 72
- I. v. Portugal 1714–1777, S. 55, 58, 59
- v. Sachsen-Altenburg 1789–1868, S. 13, 23
- Wenzel v. Liechtenstein 1696–1772, S. 10
- Wenzel v. Liechtenstein * 1962, S. 10

Josepha v. Lothringen 1753–1797; Gem. Viktor Amadeus' II. v. Savoyen-Carignan, S. 60
- Maria Antonia v. Bayern 1739–1767; Gem. Josephs II. v. Österreich, S. 8, 16
- v. Sachsen 1803–1829; Gem. Ferdinands VII. v. Spanien, S. 21, 55

Josephine v. Baden 1813–1900; Gem. Karl Antons v. Hohenzollern-Sigmaringen, S. 12, 24, 68
- Charlotte v. Belgien * 1927; Gem. Jeans v. Luxemburg, S. 43, 44

Jovanović, Helene 1765–1842; Gem. d. Kara Georg, S. 69

Juan s. Johann
Judith † 991; Gem. Ottos v. Kärnten, S. 2
- v. Baden † 1152; Gem. Ulrichs I. v. Kärnten, S. 5
- v. Bayern † 987; Gem. Heinrichs I. v. Bayern, S. 2
- v. Bayern † 1130; Gem. Friedrichs II. v. Schwaben, S. 3
- v. Flandern † 1094; Gem. Welfs IV. v. Bayern, S. 3, 33
- v. Franken 1047–1093; Gem. Salomons v. Ungarn, S. 2, 70
- v. Polen; Gem. Ladislaus' II. v. Ungarn, S. 70
- v. Schwaben † 843; Gem. Ludwigs I. des Frommen, S. 1
Julia Farnese; Gem. d. Julius Orsini, S. 64
Julian v. Florenz-Medici 1453–1478, S. 62
Juliana d. Niederlande * 1909; Gem. Bernhards v. Lippe-Biesterfeld, S. 42, 43
Juliane Marie v. Braunschweig-Wolfenbüttel 1729–1796; Gem. Friedrichs V. v. Dänemark, S. 20, 46, 47
- v. Nassau-Siegen 1587–1643; Gem. d. Moritz v. Hessen, S. 18
Julius I., Papst 337–352, S. 66
- II., Papst 1503–1513 (Giuliano della Rovere), S. 66
- III., Papst 1550–1555, S. 66
- Ernst v. Braunschweig-Dannenberg 1571–1636, S. 20
- v. Florenz-Medici (Papst Clemens VII.) 1478–1534, S. 62, 66
Junot, Philippe, S. 41
Jussupoff, Felix 1887–1967, S. 76
Jutta v. Böhmen 1202–1230; Gem. Bernhards II. v. Kärnten, S. 5, 72
- v. Böhmen-Luxemburg 1315–1349; Gem. Johanns II. v. Frankreich, S. 11, 34
- v. Habsburg 1271–1297; Gem. Wenzels II. v. Böhmen, S. 6, 72
- (Milica) v. Mecklenburg-Strelitz 1880–1946; Gem. Danilos v. Montenegro, S. 23, 69
- v. Thüringen; Gem. Wladislaws II. v. Böhmen, S. 72

Kalinin, Michail Iwanowitsch, Staatsoberhaupt der UdSSR 1919–1946, S. 77
Kalixt I., Papst ~ 217–222, S. 66
- II., Papst 1119–1124, S. 66
- III., Gegenpapst 1168–1178, S. 66
- III., Papst 1455–1458 (Alonso de Borgia), S. 66
Kálnoky, Margarethe Gfn. * 1926; Gem. d. Friedrich Salvator v. Österreich-Toscana, S. 62
Kanellopoulos, Panajotis, Staatsoberhaupt v. Griechenland 1974, S. 67
Kara Georg (Georg Petrowitsch Karadjordjević v. Serbien) 1752–1817, S. 69
Karamanlis, Konstantin, griech. Staatspräsident 1980–1985, S. 67
Kardam v. Bulgarien * 1962, S. 68
Karella, Marina * 1940; Gem. Michaels v. Griechenland, S. 67
Karl I., der Große 747–814, S. 1, 27
- II. der Kahle (Westreich) 823–877, S. 1, 40
- III., der Dicke (Ostreich) 839–888, S. 1, 27, 40

Karl III., der Einfältige (Westreich) 879–929, S. 1, 40
- Albert v. Sardinien 1798–1849, S. 60, 61, 62
- Albrecht v. Bayern (Karl VII.) 1697–1745, S. 8, 16, 27, 72
- Alexander v. Lothringen 1712–1780, S. 8, 38
- Alexander v. Sachsen-Weimar 1818–1901, S. 22, 43
- I. Alexander v. Württemberg 1684–1737, S. 13
- Alfred v. Liechtenstein 1910–1985, S. 10, 62
- v. Anjou (I. v. Neapel) 1226–1285, S. 33, (53)
- Anton v. Hohenzollern-Sigmaringen 1811–1885, S. 12, 24, 68
- August Christian v. Pfalz-Zweibrücken (Karl II.) 1746–1795, S. 15, 17, 21
- August v. Sachsen-Weimar 1757–1828, S. 19, 22
- August v. Sachsen-Weimar 1844–1894, S. 22
- (Carl) August v. Sachsen-Weimar * 1912, S. 22
- v. Baden 1786–1818, S. 12, 39
- VII. v. Bayern (K. Albrecht) 1697–1745, S. 8, 16, 27, 72
- I. v. Birkenfeld-Bischweiler 1560–1600, S. 15, 20
- IV. v. Böhmen-Luxemburg 1316–1378, S. 11, 27, 34, 72, 73
- I. v. Bourbon † 1456, S. 36
- v. Bourbon 1489–1537, S. 35, 37
- (Carlos) v. Bourbon-Parma * 1970, S. 64
- v. Bourbon-Sizilien 1870–1949, S. 38, 55, 65
- v. Brandenburg-Ansbach 1712–1757, S. 25
- I. v. Braunschweig-Wolfenbüttel 1713–1780, S. 20, 25
- II. v. Braunschweig-Wolfenbüttel 1735–1806, S. 20, 30
- III. v. Braunschweig-Wolfenbüttel 1804–1873, S. 20
- v. Burgund, der Kühne 1433–1477, S. 29, 36
- (Carl) Christian v. Österreich * 1954, S. 9, 43
- (Charles) de Condé 1566–1612, S. 37
- (Carl) v. Dänemark (Haakon VII. v. Norwegen) 1872–1957, S. 31, 47, 48
- Eduard v. England 1720–1788, S. 30
- Eduard v. Sachsen-Coburg 1884–1954, S. 22, 31, 47
- Emanuel I. v. Savoyen 1562–1630, S. 54, 60
- Emanuel II. v. Savoyen 1634–1675, S. 35, 60
- Emanuel III. v. Savoyen 1701–1773, S. 38, 60
- Emanuel IV. v. Savoyen 1751–1819, S. 35, 60
- Emanuel v. Savoyen-Carignan 1770–1800, S. 21, 60
- I. v. England 1600–1649, S. 30, 32, 35
- II. v. England 1630–1685, S. 30, 32, 58
- (Charles) v. England * 1948, S. 31
- II. Eugen v. Württemberg 1728–1793, S. 13, 25
- Eusebius v. Liechtenstein 1611–1684, S. 10
- Felix v. Savoyen 1765–1831, S. 60, 65
- Ferdinand v. Österreich 1818–1874, S. 8
- v. Flandern 1903–1983, S. 44
- IV. v. Frankreich 1295–1328, S. 11, 33, 40

Karl V. v. Frankreich, der Weise 1337–1380, S. 34, 40
- VI. v. Frankreich 1368–1422, S. 34, 40
- VII. v. Frankreich 1403–1461, S. 34, 40
- VIII. v. Frankreich 1470–1498, S. 34, 40
- IX. v. Frankreich 1550–1574, S. 7, 34, 40
- X. v. Frankreich 1757–1836, S. 35, 40, 60
- Friedrich v. Baden 1728–1811, S. 12, 18
- Friedrich v. Holstein-Gottorp 1700–1739, S. 50, 75
- Friedrich v. Sachsen-Weimar 1783–1853, S. 22, 75
- II. Gonzaga v. Mantua 1609–1631, S. 62
- v. Hessen-Darmstadt 1809–1877, S. 19, 25
- v. Hessen-Kassel 1654–1730, S. 18
- v. Hessen-Kassel 1744–1836, S. 18, 47
- I. v. Hohenzollern † 1576, S. 24
- II. v. Hohenzollern-Sigmaringen † 1606, S. 24
- v. Hohenzollern-Sigmaringen 1785–1853, S. 24
- Johann v. Schweden * 1916, S. 51
- v. Kalabrien 1298–1328, S. 34, 70
- Leopold v. Mecklenburg † 1747, S. 23, 75
- v. Liechtenstein 1569–1627, S. 10
- II. v. Lothringen † 1608, S. 34, 46
- IV. (V.) v. Lothringen 1643–1690, S. 7, 38
- Ludwig v. Baden 1755–1801, S. 12, 19
- Ludwig v. Österreich 1833–1896, S. 9, 21, 58, 65
- Ludwig v. Österreich * 1918, S. 9
- Ludwig v. Pfalz-Simmern 1617–1680, S. 14, 18, 30
- Ludwig v. d. Pfalz 1658–1688, S. 14
- Martell † 741, S. 1
- I. Martell v. Neapel 1271–1295, S. 6, 70
- I. v. Mecklenburg-Strelitz 1708–1752, S. 23
- II. v. Mecklenburg-Strelitz 1741–1816, S. 18, 23
- (Charles) III. v. Monaco 1818–1889, S. 41
- I. v. Neapel (v. Anjou) 1226–1285, S. 33, (53)
- II. v. Neapel 1254–1309, S. 33, 70
- III. v. Neapel (II. v. Ungarn), der Kleine † 1386, S. 70, 71
- IV. v. Neapel † 1481, S. 34
- I. v. Österreich (IV. v. Ungarn) 1887–1922, S. 9, 27, 64, 71, 72
- V. v. Österreich (I. v. Spanien) 1500–1558, S. 7, 27, 54, 56, 57
- VI. v. Österreich (III. v. Ungarn, [III.] v. Spanien) 1685–1740, S. 8, 20, 27, 56, 71, 72
- v. Österreich 1771–1847, S. 8
- v. Orléans 1391–1465, S. 34
- II. v. Parma 1799–1883, S. 60, 62, 64
- III. v. Parma 1823–1854, S. 35, 64
- Peter Ulrich v. Holstein-Gottorp (Peter III. v. Rußland) 1728–1762, S. 50, 75

Karl I. v. Pfalz-Simmern 1651–1685, S. 14, 46
- II. v. Pfalz-Zweibrücken (Karl August Christian) 1746–1795, S. 15, 17, 21
- Philipp v. Pfalz-Neuburg 1661–1742, S. 15
- (Carl) Philipp v. Schweden * 1979, S. 51
- I. (Carlos) v. Portugal 1863–1908, S. 38, 58, 59
- v. Preußen 1801–1883, S. 22, 25
- Robert v. Anjou (K. I. v. Ungarn) 1288–1342, S. 11, 70, 71, 73
- Robert v. Neapel 1277–1343, S. 3, 70
- (Carol) I. v. Rumänien 1839–1914, S. 24, 43, 68
- II. v. Rumänien 1893–1953, S. 67, 68
- v. Sachsen 1733–1796, S. 21
- Salvator v. Österreich-Toscana 1839–1892, S. 62, 65
- Salvator v. Österreich-Toscana 1909–1953, S. 55
- IX. v. Schweden 1550–1611, S. 14, 49, 50, 52
- X. v. Schweden 1622–1660, S. 49, 50, 52
- XI. v. Schweden 1655–1697, S. 46, 49, 52
- XII. v. Schweden 1682–1718, S. 49, 52
- XIII. v. Schweden 1748–1818, S. 50, 52
- (Carl) XIV. Johann v. Schweden (Jean Baptiste Bernadotte) 1768–1844, S. 50, 51, 52
- (Carl) XV. v. Schweden 1826–1872, S. 43, 51, 52
- XVI. v. Schweden (Carl Gustav) * 1946, S. 51, 52
- v. Schweden 1861–1951, S. 47, 51
- v. Schweden * 1911, S. 51
- I. v. Spanien (V. v. Österreich) 1500–1558, S. 7, 27, 54, 56, 57
- II. v. Spanien 1661–1700, S. 15, 38, 54, 56
- III. v. Spanien 1716–1788, S. 21, 55, 56
- IV. v. Spanien 1748–1819, S. 55, 56, 64
- (V.) v. Spanien 1788–1855, S. 55, 58
- (VI.) v. Spanien 1818–1861, S. 55
- (VII.) v. Spanien 1848–1909, S. 55, 64
- (VIII., Jaime III.) v. Spanien 1870–1931, S. 55
- (IX., Alfonso I.) v. Spanien 1849–1936, S. 55
- (Don Carlos) v. Spanien 1545–1568, S. 54
- v. d. Steiermark 1540–1590, S. 7, 16
- Stephan v. Österreich 1860–1933, S. 8, 62
- (Carl) Theodor in Bayern 1839–1909, S. 17, 21, 58
- Theodor v. Bayern 1795–1875, S. 17
- Theodor v. Pfalz-Bayern 1724–1799, S. 15, 16, 63
- II. v. Ungarn (III. v. Neapel), der Kleine † 1386, S. 70, 71
- v. Valois 1270–1325, S. 33, 34, 70
- III. Wilhelm v. Baden-Durlach 1679–1738, S. 12, 13
- I. Alexander v. Württemberg 1684–1737, S. 13
- I. v. Württemberg 1823–1891, S. 13, 76
- II. Eugen v. Württemberg 1728–1793, S. 13, 25

Karl (Carl) v. Württemberg * 1936, S. 13, 38
Karlman Kg. d. Franken † 771, S. 1
- (Ostreich) † 754, S. 1
- (Ostreich) 829–880, S. 1
- (Westreich) 866–884, S. 1, 40
Karoline Amalie v. Holstein-Augustenburg 1796–1881; Gem. Christians VIII. v. Dänemark, S. 47
- v. Ansbach 1683–1737; Gem. Georgs II. v. England, S. 30
- Augusta v. Bayern 1792–1873; Gem. Wilhelms I. v. Württemberg und Franz' I. (II.) v. Österreich, S. 8, 13, 17
- v. Braunschweig-Wolfenbüttel 1768–1821; Gem. Georgs IV. v. England, S. 20, 30
- v. Dänemark 1747–1820; Gem. Wilhelms I. v. Hessen-Kassel, S. 18, 47
- (Caroline) v. Dänemark 1793–1881; Gem. Friedrich Ferdinands v. Dänemark, S. 47
- Friederike v. Baden 1776–1841; Gem. Maximilians I. Joseph v. Bayern, S. 12, 15, 17
- v. Hessen 1714–1741; Gem. d. Louis Henri de Condé, S. 37
- v. Hessen-Darmstadt 1746–1821; Gem. Friedrichs V. v. Hessen-Homburg, S. 19
- Luise v. Birkenfeld-Zweibrücken 1721–1774; Gem. Ludwigs IX. v. Hessen-Darmstadt, S. 15, 18, 19
- v. Manderscheid-Blankenheim 1768–1831; Gem. Aloys' I. v. Liechtenstein, S. 10
- (Caroline) Marianne v. Mecklenburg-Strelitz 1821–1876; Gem. Friedrichs VII. v. Dänemark, S. 23, 47
- Mathilde v. Dänemark * 1912; Gem. Knuds v. Dänemark, S. 47
- Mathilde v. England 1751–1775; Gem. Christians VII. v. Dänemark, S. 30, 47
- Mathilde v. Holstein-Augustenburg 1860–1932; Gem. Friedrich Ferdinands v. Schleswig-Holstein, S. 47
- (Caroline) v. Monaco * 1957, S. 41
- v. Nassau † 1823; Gem. Friedrichs v. Hessen-Kassel, S. 18
- v. Nassau-Saarbrücken † 1774; Gem. Christians III. v. Birkenfeld-Zweibrücken, S. 15
- v. Österreich 1801–1832; Gem. Friedrich Augusts II. v. Sachsen, S. 8, 21
- v. Parma 1770–1804; Gem. Maximilians v. Sachsen, S. 21, 64
- v. d. Pfalz 1659–1696; Gem. d. Mainhart v. Schomberg, S. 14
- v. Sachsen-Weimar 1786–1816; Gem. Friedrich Ludwigs v. Mecklenburg-Schwerin, S. 22, 23
- v. Savoyen 1764–1782; Gem. Antons v. Sachsen, S. 21, 60
Kasimir III. v. Polen 1310–1370, S. 73, 74
- IV. v. Polen 1427–1492, S. 6, 73, 74
- IV. v. Pommern 1345–1377, S. 73
Katargi, Marie † 1876; Gem. d. Miloš Obrenović v. Serbien, S. 69
Katharina v. Aragon 1485–1536; Gem. Heinrichs VIII. v. England, S. 29, 53
- v. Böhmen-Luxemburg 1342–1395; Gem. Rudolfs IV. v. Habsburg und Ottos V. v. Brandenburg, S. 6, 11, 16
- v. Braganza 1540–1614; Gem. Johanns I. v. Braganza, S. 57

Katharina v. Brandenburg 1549–1602; Gem. Joachim Friedrichs v. Brandenburg, S. 24
- v. Braunschweig-Dannenberg 1616–1665; Gem. Adolf Friedrichs I. v. Mecklenburg, S. 20, 23
- v. Burgund 1378–1425; Gem. Leopolds IV. v. Österreich, S. 6, 36
- Charlotte v. Sachsen-Hildburghausen 1787–1847; Gem. Pauls v. Württemberg, S. 13
- v. Frankreich 1401–1438; Gem. Heinrichs V. v. England und Owen Tudors, S. 29, 34
- v. Habsburg † 1282; Gem. Ottos III. v. Niederbayern, S. 6, 70
- Iwanowa v. Rußland 1692–1733; Gem. Karl Leopolds v. Mecklenburg, S. 23, 75
- Jagellonica (v. Polen) † 1583; Gem. Johanns III. v. Schweden, S. 49, 73
- v. Lancaster † 1418; Gem. Heinrichs III. v. Kastilien, S. 29, 53
- v. Medici 1519–1589; Gem. Heinrichs II. v. Frankreich, S. 34, 62
- Michailowna v. Rußland 1827–1894; Gem. Georgs v. Mecklenburg, S. 23, 75
- v. Österreich 1533–1572; Gem. Sigismunds II. v. Polen, S. 7, 73
- v. Oranien † 1648; Gem. Philipp Ludwigs II. v. Hanau, S. 42
- Paulowna v. Rußland 1788–1819; Gem. Wilhelms I. v. Württemberg, S. 13, 75
- v. Pommern 1390–1426; Gem. Johanns v. Bayern, S. 14, 45
- v. Portugal 1638–1705; Gem. Karls II. v. England, S. 30, 58
- I. v. Rußland 1684–1727; Gem. Peters I. v. Rußland, S. 75, 77
- II. v. Rußland (Sophie v. Anhalt-Zerbst) 1729–1796; Gem. Peters III. v. Rußland, S. 50, 75, 77
- v. Sachsen 1468–1524; Gem. Sigismunds v. Tirol, S. 6
- v. Sachsen-Lauenburg † 1535; Gem. Gustavs I. v. Schweden, S. 49
- v. Savoyen † 1336; Gem. Leopolds I. v. Habsburg, S. 6
- v. Schweden 1584–1638; Gem. Johann Kasimirs v. Pfalz-Zweibrücken, S. 15, 49
- Sforza v. Mailand 1462–1509; Gem. Johanns v. Florenz-Medici, S. 62
- v. Spanien 1507–1578; Gem. Johanns III. v. Portugal, S. 7, 54, 57
- v. Spanien 1567–1597; Gem. Karl Emanuels I. v. Savoyen, S. 54, 60
- v. Ungarn † vor 1355; Gem. Heinrichs II. v. Schweidnitz, S. 70, 73
- Ursula v. Hohenzollern-Hechingen † 1640; Gem. Wilhelms v. Baden, S. 12
- v. Württemberg 1783–1835; Gem. Jérôme Bonapartes, S. 13, 39
- v. Württemberg 1821–1898; Gem. Friedrichs v. Württemberg, S. 13
- v. Zweibrücken † 1651; Gem. Wolfgang Wilhelms v. Pfalz-Neuburg, S. 15

Keglevich, Marie Jenke v. 1921–1983, Gem. Albrechts v. Bayern, S. 17
Kelly, Grace (Gracia Patricia v. Monaco) 1929–1982; Gem. Rainiers III. v. Monaco, S. 41
Keško, Nathalie 1859–1934; Gem. d. Milan v. Serbien, S. 69
Kinsky, Franziska 1813–1881; Gem. d. Aloys II. v. Liechtenstein, S. 10
- Franziska 1861–1935; Gem. Alfreds v. Montenuovo, S. 8
- Marie * 1940; Gem. d. Johannes Adam v. Liechtenstein, S. 10

Kira v. Rußland 1909–1967; Gem. Louis Ferdinands v. Preußen, S. 26, 76
Kirchschläger, Rudolf, österreichischer Bundespräsident 1974–1986, S. 27
Kirill s. a. Kyrill

Kirill Wladimirowitsch v. Rußland 1876–1938, S. 31, 76
Klemens s. Clemens
Klementia v. Habsburg † 1293; Gem. Karls I. Martell v. Neapel, S. 6, 70
- v. Zähringen † 1167; Gem. Heinrichs XI. v. Bayern und Sachsen, S. 3
Klementine v. Belgien 1872–1955; Gem. d. Napoleon Viktor Bonaparte, S. 39, 44
- v. Österreich 1777–1801; Gem. Franz' I. v. Sizilien, S. 8, 65
Klothilde v. Savoyen 1843–1911; Gem. d. Napoleon Jérôme Bonaparte, S. 39, 61
Knud v. Dänemark 1900–1976, S. 47
Knut d. Große v. Dänemark und Norwegen † 1035, S. 28, 33
- VI. v. Dänemark † 1202, S. 3, 45, 48
Königsmarck, Aurora v. 1662–1728, S. 21
- Philipp Christoph v. † 1694, S. 20
Körner, Theodor, österreichischer Bundespräsident 1951–1957, S. 27
Koháry, Antonie † 1862; Gem. Ferdinands v. Sachsen-Coburg, S. 44
Kolarow, Vasil Petrov, Staatsoberhaupt v. Bulgarien 1946–1947, S. 68
Kolomán I. v. Ungarn † 1114, S. 70, 71
Konon, Papst 686–687, S. 66
Konrad II. 990–1039, S. 2, 27
- III. 1093–1152, S. 2, 3, 27
- IV. 1228–1254, S. 3, 27
- Bischof v. Passau, Erzbischof v. Salzburg, S. 4
- III. v. Burgund † 993, S. 1, 2, 36
- I. v. Franken, dt. Kg. 911–918, S. 1, 27
- v. Franken 1074–1101, S. 2, 27
- I. v. Kärnten † 1011, S. 2
- II. v. Kärnten † 1039, S. 2
- III. v. Kärnten † 1061, S. 2
- im Lahngau † 906, S. 1
- v. Lothringen, der Rote † 955, S. 2
- I. v. Nürnberg † 1261, S. 24
- v. d. Pfalz † 1195, S. 3
Konradin v. Hohenstaufen 1252–1268, S. 3
Konstantia v. Österreich 1588–1631; Gem. Sigismunds v. Schweden (Polen), S. 7, 49, 73
Konstantin I., Papst 708–715, S. 66
- II., Gegenpapst 767/768, S. 66
- I. v. Griechenland 1868–1923, S. 26, 67
- II. v. Griechenland * 1940, S. 47, 67
- (Constantin) v. Liechtenstein * 1972, S. 10
- Konstantinowitsch v. Rußland 1858–1915, S. 76
- (Constantin) d. Niederlande * 1969, S. 43
- Nikolaijewitsch v. Rußland 1827–1892, S. 76
Konstanze v. Aragon † 1222; Gem. d. Emmerich v. Ungarn und Friedrichs II. v. Hohenstaufen, S. 3, 53, 70
- v. Arles † 1032; Gem. Roberts II. v. Frankreich, S. 33

Konstanze v. Kastilien † 1160; Gem. Ludwigs VII. v. Frankreich, S. 33, 53
- v. Kastilien † 1345; Gem. Peters I. v. Portugal, S. 57
- v. Kastilien † 1394; Gem. Johanns v. Gent, S. 29, 53
- v. Portugal 1290–1313; Gem. Ferdinands IV. v. Kastilien, S. 53
- v. Sizilien 1154–1198; Gem. Heinrichs VI., S. 3, 36
- v. Sizilien † 1301; Gem. Peters III. v. Aragon, S. 3, 53
- v. Ungarn † 1240; Gem. Ottokars I. v. Böhmen, S. 70, 72
- v. Ungarn; Gem. d. Leo v. Halicz, S. 70
Krasinska, Franziska 1742–1796; Gem. Karls v. Sachsen, S. 21
Kumanien, Elisabeth v. † 1290; Gem. Stephans V. v. Ungarn, S. 70
Kun, Bela, Führer der Räterepublik Ungarn 1919, S. 70, 71
Kunigunde † 1055; Gem. Azzos II. v. Este, S. 3
- v. Brandenburg † 1292; Gem. Belas v. Ungarn, S. 70
- v. Dänemark 1020–1038; Gem. Heinrichs III., S. 2
- v. Hohenstaufen 1200–1248; Gem. Wenzels I. v. Böhmen, S. 3, 72
- v. Luxemburg † 1033; Gem. Heinrichs II., S. 2
- v. Österreich 1465–1520; Gem. Albrechts IV. v. Bayern, S. 6, 16
- v. Polen 1298–1331; Gem. Bernhards II. v. Schweidnitz, S. 73
- v. Rußland (Halicz) † 1285; Gem. Ottokars II. v. Böhmen, S. 72
Kvecvić, Darinka v. 1837–1892; Gem. Danilos I. v. Montenegro, S. 69
Kyrill s. a. Kirill
Kyrill v. Bulgarien 1895–1945, S. 68

Ladislaus s. a. Wladislaw
Ladislaus Postumus v. Österreich (V. v. Ungarn) 1440–1457, S. 6, 71, 72
- I. v. Ungarn, der Heilige † 1095, S. 70, 71
- II. v. Ungarn † 1162, S. 70, 71
- III. v. Ungarn 1199–1205, S. 70, 71
- IV. v. Ungarn 1262–1290, S. 33, 70, 71
- V. v. Ungarn (Ladislaus Postumus) 1440–1457, S. 6, 71
- v. Ungarn † 1029, S. 70
- IV. Wasa v. Polen 1595–1648, S. 7, 73, 74
Lagni, Odo de (Papst Urban II.), S. 66
Lamberg, Theresia Gfn. 1836–1913; Gem. d. Franz v. Meran, S. 8
Lambertini, Prosper (Papst Benedikt XIV.), S. 66
Lambrino, Zizi; Gem. Carols II. v. Rumänien, S. 68
Lamek, Marie Louise Gibert de 1793–1879; Gem. Florestans I. v. Monaco, S. 41
Lancia, Blanca, S. 3
Lando, Papst 913–914, S. 66
La Rochefoucauld, Hedwig de * 1896; Gem. Sixtus' v. Bourbon-Parma, S. 64
Larisch, Marie Gfn. (Wallersee) 1858–1940; Gem. d. Georg Gf. Larisch v. Moennich, S. 17
- v. Moennich, Georg Gf., 1855–1928, S. 17
Larsson, Anne * 1921; Gem. Carls v. Schweden, S. 51

Laskaris, Maria † 1270; Gem. Belas IV. v. Ungarn, S. 70
La Trémoille, Charlotte de 1558–1629; Gem. Heinrichs I. v. Condé, S. 37
Laurens, Therese, S. 57
Laurent v. Belgien * 1963, S. 44
Laurentius, Gegenpapst 498, 501–505, S. 66
Lebrun, Albert, Staatspräsident v. Frankreich 1932–1940, S. 40
Lechsgemünd, Uta v. † 1254; Gem. Alberts IV. v. Tirol, S. 5
Leclerc, Emanuel 1772–1802, S. 39
Leeds, Anastasia 1883–1923; Gem. Christophs v. Griechenland, S. 67
- William † 1971, S. 76
Lejonhufvud, Margareta Eriksdotter 1514–1551; Gem. Gustav Wasas, S. 49
Lemos, Isabella v. † 1558; Gem. Theodos' I. v. Braganza, S. 57
Leo I., Papst 440–461, S. 66
- II., Papst 682–683, S. 66
- III., Papst 795–816, S. 66
- IV., Papst 847–855, S. 66
- V., Papst 903, S. 66
- VI., Papst 928, S. 66
- VII., Papst 936–939, S. 66
- VIII., Papst 963–965, S. 66
- IX., Papst 1049–1054 (Bruno v. Egisheim), S. 66
- X., Papst 1513–1521 (Giovanni v. Florenz-Medici), S. 62, 66
- XI., Papst 1605 (Alessandro de Medici-Ottaiano), S. 66
- XII., Papst 1823–1829 (Annibale Gf. della Genga), S. 66
- XIII., Papst 1878–1903 (Gioacchino Gf. Pecci), S. 66
Leone, Giovanni, Staatspräsident v. Italien 1971–1978, S. 61
Leopold v. Baden (-Hochberg) 1790–1852, S. 12, 50
- IV. v. Bayern (Babenberger) 1108–1141, S. 4
- v. Bayern 1846–1930, S. 9, 17
- I. v. Belgien (Sachsen-Coburg-Gotha) 1790–1865, S. 30, 38, 44
- II. v. Belgien 1835–1909, S. 8, 44
- III. v. Belgien 1901–1983, S. 44, 51
- v. England (Hz. v. Albany) 1853–1884, S. 22, 31
- I. v. Habsburg 1290–1326, S. 6
- II. v. Habsburg 1328–1344, S. 6
- III. v. Habsburg 1351–1386, S. 6
- IV. v. Habsburg 1371–1411, S. 6, 36
- V. v. Habsburg 1586–1632, S. 7, 62
- v. Hohenzollern-Sigmaringen 1835–1905, S. 24, 58, 68
- v. Lothringen 1679–1729, S. 38
- I. v. Österreich (Babenberger) † 994, S. 4
- II. v. Österreich (Babenberger) † 1102, S. 4
- (II.) v. Österreich-Neumark † 1043, S. 2, 4
- III. v. Österreich (Babenberger) † 1136, S. 2, 4
- IV. v. Österreich-Bayern 1108–1141, S. 4

Leopold V. v. Österreich (Babenberger) 1157–1194, S. 4, 70
- VI. v. Österreich (Babenberger) † 1230, S. 4
- I. v. Österreich (1640–1705), S. 7, 8, 15, 27, 54, 71, 72
- II. v. Österreich (I. v. Österreich-Toscana) 1747–1792, S. 8, 27, 55, 62, 71, 72
- II. v. Österreich-Toscana 1797–1870, S. 21, 62, 65
- v. Sachsen-Coburg-Gotha (I. v. Belgien) 1790–1865, S. 30, 38, 44
- Salvator v. Österreich-Toscana 1863–1931, S. 55, 62
- I. v. d. Steiermark † 1129, S. 3, 5
- Wilhelm v. Habsburg 1614–1662, S. 7

Leopoldine v. Brasilien 1847–1871; Gem. Augusts v. Sachsen-Coburg, S. 44, 58
- v. Österreich 1797–1826; Gem. Peters IV. v. Portugal, S. 8, 58

Leszczynska, Maria 1703–1768; Gem. Ludwigs XV. v. Frankreich, S. 35
Leszczynski, Stanislaus, Kg. v. Polen 1704–1709, S. 74
Leuchtenberg, Amelie v. 1812–1873; Gem. Peters IV. v. Portugal, S. 39, 58
- August v. 1810–1835, S. 39, 58
- Eugen v. (Eugène de Beauharnais) 1781–1824, S. 17, 39
- Georg Romanowsky v. 1852–1912, S. 39, 69
- Josephine v. 1807–1876; Gem. Oskars I. v. Schweden, S. 39, 51
- Maria v. 1841–1914; Gem. Wilhelms v. Baden, S. 12, 39
- Maximilian v. 1638–1705, S. 16
- Maximilian Romanowsky v. 1817–1852, S. 39
- Mechthilde v. 1588–1634; Gem. Albrechts VI. v. Bayern, S. 16

Liberius, Papst 352–366, S. 66
Lichem-Löwenburg, Hedwig v. * 1938; Gem. Franz Salvators v. Österreich-Toscana, S. 62
Liegnitz, Auguste v. (geb. Harrach) † 1873; Gem. Friedrich Wilhelms III. v. Preußen, S. 25
- Sophie v. 1525–1546; Gem. Johann Georgs v. Brandenburg, S. 24

Ligne, Jolanda de * 1923; Gem. Karl Ludwigs v. Habsburg-Lothringen, S. 9
Linus, Papst um 67–76, S. 66
Liudgard † 953; Gem. Konrads v. Lothringen, S. 2
Liudolf v. Sachsen † 866, S. 2
Liutberga von Italien; Gem. Tassilos III. v. Bayern, S. 1
Liutgart v. Sachsen † 885; Gem. Ludwigs III. (Ostreich), S. 1, 2
Liutswind von Bayern † 891; Gem. Karlmanns (Ostreich), S. 1
Löwenfeld, Anna Maria v. † 1783; Gem. Franz Ludwigs v. Holnstein, S. 16
Löwenstein-Wertheim, Adelaide Sophie v. † 1909; Gem. Michaels v. Braganza, S. 58
- Christiane v. 1665–1730; Gem. d. Philipp Erasmus v. Liechtenstein, S. 10
- Maria Theresia v. 1870–1935; Gem. Michaels v. Braganza, S. 58

Loisinger, Johanna 1865–1951; Gem. Alexanders v. Battenberg, S. 19
Longueville, Françoise de 1548–1601; Gem. Ludwigs I. v. Condé, S. 37
- Henri II. de 1595–1663, S. 37

Lonyay, Elemer v. 1863–1946, S. 44
Lopes, Craveiro, Staatspräsident v. Portugal 1951–1958, S. 59
Lopuchina, Eudoxia † 1731; Gem. Peters I. v. Rußland, S. 75

Lorentzen, Erling Sven * 1923, S. 47
Lorenz(o) v. Florenz-Medici 1395–1440, S. 62
- I. v. Florenz-Medici, Magnifico 1449–1492, S. 62
- v. Österreich-Este * 1955, S. 9, 44
- v. Urbino (II. v. Florenz-Medici) 1492–1519, S. 62
Losonczi, Pál, Staatsoberhaupt v. Ungarn 1967–1987, S. 71
Lothar I. (Mittelreich) 795–855, S. 1
- II. (Mittelreich, Lothringen) 835–869, S. 1
- III. (Westreich) 941–986, S. 1, 40
- II. v. Italien † 950, S. 1, 36
- III. v. Supplinburg, dt. Kg. u. Ks. 1125/1133–1137, S. 27
Loubet, Emile, Staatspräsident v. Frankreich 1899–1906, S. 40
Louis s. Ludwig
Louise s. Luise
Louvet, Juliette, S. 41
- Charlotte s. Charlotte v. Monaco
Luciani, Albino (Papst Johannes Paul I.), S. 66
Lucius I., Papst 253–254, S. 66
- II., Papst 1144–1145, S. 66
- III., Papst 1181–1185, S. 66
Ludolf v. Braunschweig, S. 2
Ludovica s. a. Luise
Ludovica v. Savoyen † 1531; Gem. Karls v. Angoulême, S. 34
- Wilhelmine v. Bayern 1808–1892; Gem. Maximilians in Bayern, S. 15, 17
Ludwig I. der Fromme 778–840, S. 1, 27
- II. der Deutsche (Ostreich) 806–876, S. 1, 27
- III. der Jüngere (Ostreich) 830–882, S. 1, 2, 27
- IV. das Kind (Ostreich) 893–911, S. 1, 27
- II. der Stammler (Westreich) 846–879, S. 1, 40
- III. (Westreich) 864–882, S. 1, 40
- II. (Mittelreich) 825–875, S. 1
- III. der Blinde (Mittelreich, Niederburgund) † 928, S. 1, 36
- Alexander v. Toulouse 1678–1737, S. 35
- I. v. Anjou (Ungarn) 1326–1382, S. 11, 70, 71, 73, 74
- I. v. Anjou-Neapel 1339–1384, S. 34
- II. v. Anjou-Neapel 1377–1417, S. 34
- III. v. Anjou-Neapel 1403–1434, S. 34
- Anton Heinrich (Louis Antoine Henri) de Condé, Hz. v. Enghien 1772–1804, S. 37
- (Louis) Armand I. de Conti 1661–1685, S. 35, 37
- Armand II. de Conti 1695–1727, S. 37
- I. v. Baden 1763–1830, S. 12
- II. v. Baden (-Hochberg) 1824–1858, S. 12
- II. v. Bayern 1229–1294, S. 3, 6
- IV., der Bayer 1287–1347, S. 3, 6, 16, 27, 42

Ludwig I. v. Bayern 1786–1868, S. 17, 23
- II. v. Bayern 1845–1886, S. 17
- III. v. Bayern 1845–1921, S. 17, 63
- in Bayern 1831–1920, S. 17
- II. v. Böhmen und Ungarn 1506–1526, S. 7, 71, 72, 73
- V. v. Brandenburg und Bayern † 1361, S. 5, 16
- VI. v. Brandenburg u. Bayern 1330–1365, S. 16
- v. Bourbon-Lamballe 1747–1768, S. 35, 60
- v. Burgund 1682–1712, S. 35, 60
- I. de Condé 1530–1569, S. 35, 37
- II. de Condé, der Große Condé 1621–1686, S. 37
- III. de Condé 1668–1710, S. 35, 37
- Eugen v. Württemberg 1731–1795, S. 13
- Ferdinand v. Bayern 1859–1949, S. 17, 55
- (Louis) Ferdinand v. Preußen 1772–1806, S. 25
- (Louis) Ferdinand v. Preußen * 1907, S. 26, 76
- IV. v. Frankreich (Westreich) 921–954, S. 1, 2, 40
- V. v. Frankreich (Westreich), der Faule, um 967–987, S. 1, 40
- VI. v. Frankreich 1081–1137, S. 33, 40
- VII. v. Frankreich, der Junge 1120–1180, S. 28, 33, 40, 53
- VIII. v. Frankreich 1187–1226, S. 33, 40, 53
- IX. v. Frankreich 1215–1270, S. 33, 40, (53)
- X. v. Frankreich 1289–1316, S. 33, 36, 40
- XI. v. Frankreich 1423–1483, S. 30, 34, 40
- XII. v. Frankreich 1462–1515, S. 29, 34, 40
- XIII. v. Frankreich 1601–1643, S. 35, 40, 54
- XIV. v. Frankreich 1638–1715, S. 35, 40, 54
- XV. v. Frankreich 1710–1774, S. 35, 40
- XVI. v. Frankreich 1754–1793, S. 8, 35, 40
- (XVII.) v. Frankreich (Louis Charles) 1785–1795, S. 35
- XVIII. v. Frankreich 1755–1824, S. 35, 40, 60
- v. Frankreich (Grand Dauphin) 1661–1711, S. 16, 35
- v. Frankreich 1729–1765, S. 21, 35, 55
- Franz (Louis François) I. de Conti 1717–1776, S. 37, 38
- Franz (Louis François) II. Joseph de Conti 1734–1814, S. 37, 63
- Georg v. Baden-Baden 1702–1761, S. 12
- IV. Heinrich (Louis Henri) de Condé 1692–1740, S. 37
- VI. Heinrich (Louis Henri) Joseph de Condé 1756–1830, S. 37, 38
- v. Hessen-Darmstadt 1908–1968, S. 19
- I. (X.) v. Hessen-Darmstadt 1753–1830, S. 18, 19
- II. v. Hessen-Darmstadt 1777–1848, S. 12, 19
- III. v. Hessen-Darmstadt 1806–1877, S. 17, 19
- IV. v. Hessen-Darmstadt 1837–1892, S. 19, 31
- V. v. Hessen-Darmstadt, der Getreue 1577–1626, S. 18, 24
- VI. v. Hessen-Darmstadt 1630–1678, S. 18, 22, 50

Ludwig VII. v. Hessen-Darmstadt 1658–1678, S. 18
- VIII. v. Hessen-Darmstadt 1691–1768, S. 18
- IX. v. Hessen-Darmstadt 1719–1790, S. 15, 18, 19
- X. (I.) v. Hessen-Darmstadt 1753–1830, S. 18, 19
- (Louis) V. Joseph de Condé 1736–1818, S. 37
- (Louis) Joseph v. Frankreich 1781–1789, S. 35
- Karl (Louis Charles) v. Frankreich (L.XVII.) 1785–1795, S. 35
- (Louis) v. Luxemburg * 1986, S. 43
- v. Mecklenburg-Schwerin 1725–1778, S. 23
- II. v. Monaco 1870–1949, S. 41
- (Louis) Napoleon (Napoleon III.) 1808–1873, S. 39, 40
- I. v. Orléans 1703–1752, S. 12, 38
- v. Orléans 1371–1407, S. 34
- v. Orléans 1814–1896, S. 38, 44
- v. Parma 1773–1803 (Etrurien), S. 55, 62, 64
- III. v. d. Pfalz, der Bärtige 1378–1436, S. 14, 29
- IV. v. d. Pfalz, der Sanftmütige 1424–1449, S. 14
- V. v. d. Pfalz, der Friedfertige 1478–1544, S. 14, 16
- VI. v. Pfalz-Simmern 1539–1583, S. 14, 18
- I. v. Pfalz-Zweibrücken 1424–1489, S. 14
- II. v. Pfalz-Zweibrücken 1502–1532, S. 14
- Philipp (Louis Philippe) I. v. Orléans 1725–1785, S. 37, 38
- Philipp (Louis Philippe) II. v. Orléans (Egalité) 1747–1793, S. 35, 38
- Philipp (Louis Philippe) III. v. Orléans (I. v. Frankreich, "Bürgerkönig") 1773–1850, S. 38, 40, 65
- Philipp v. Portugal 1887–1908, S. 58
- I. v. Polen und Ungarn 1326–1382, S. 11, 70, 71, 73, 74
- I. (Luis) v. Portugal 1838–1889, S. 58, 59, 61
- Rudolf v. Braunschweig-Wolfenbüttel 1671–1735, S. 20
- v. Sachsen-Coburg 1870–1942, S. 17, 44
- v. Savoyen-Carignan 1721–1778, S. 60
- (Ludovico) Sforza v. Mailand, il Moro 1451–1508, S. 63
- I. v. Spanien (Asturien) 1707–1724, S. 38, 55, 56
- v. Spanien 1727–1785, S. 55
- v. Tarent † 1362, S. 70
- Thomas v. Savoyen-Carignan 1657–1702, S. 60
- IV. v. Thüringen † 1227, S. 70
- v. Tirol † 1305, S. 5
- I. v. Ungarn und Polen (Anjou) 1326–1382, S. 11, 70, 71, 73, 74
- II. v. Ungarn und Böhmen 1506–1526, S. 7, 71, 72, 73
- Viktor v. Österreich 1842–1919, S. 9
- Wilhelm v. Baden-Baden 1655–1707, S. 12
- Wilhelm in Bayern 1884–1968, S. 17
- v. Württemberg 1756–1817, S. 13

Lübke, Heinrich, deutscher Bundespräsident 1959–1969, S. 27

Luise s. a. Ludovica
- Amalie v. Braunschweig-Wolfenbüttel 1722–1780; Gem. August Wilhelms v. Preußen, S. 20, 25
- Augusta v. Dänemark 1771–1843; Gem. Friedrich Christians II. v. Holstein-Augustenburg, S. 47
- Auguste v. Hessen-Darmstadt 1757–1830; Gem. Karl Augusts v. Sachsen-Weimar, S. 19, 22
- v. Baden 1811–1854; Gem. Gustav Wasas, S. 12, 50
- v. Belgien 1858–1924; Gem. Philipps v. Coburg, S. 44
- v. Brandenburg-Schwedt 1738–1820; Gem. Ferdinands v. Preußen, S. 25
- Charlotte v. Dänemark 1789–1864; Gem. Wilhelms v. Hessen-Kassel, S. 18, 47
- Charlotte v. Sizilien 1804–1844; Gem. d. Franz v. Paula v. Spanien, S. 55, 65
- Christine v. Savoyen 1627–1689; Gem. Ferdinand Maximilians v. Baden, S. 12, 60
- v. Dänemark 1750–1831; Gem. Karls v. Hessen-Kassel, S. 18, 47
- v. Dänemark 1875–1906; Gem. Friedrichs v. Schaumburg-Lippe, S. 47
- Diane v. Orléans 1716–1736; Gem. d. Louis François' I. de Conti, S. 37, 38
- Dorothee Sophie v. Preußen 1680–1705; Gem. Friedrichs I. v. Hessen-Kassel, S. 18, 25
- Elisabeth v. Condé 1693–1775; Gem. Louis Armands II. de Conti, S. 37
- Elisabeth v. Orléans 1709–1742; Gem. Ludwigs I. v. Spanien, S. 38, 55
- v. England 1724–1751; Gem. Friedrichs V. v. Dänemark, S. 30, 46, 47
- Ferdinande v. Spanien 1832–1897; Gem. Antons v. Montpensier, S. 38, 55
- Grimaldi v. Monaco 1697–1731; Gem. d. Jacques François Léonor de Goyon de Matignon, S. 41
- Henriette de Conti 1726–1759; Gem. Ludwig Philipps I. v. Orléans, S. 37, 38
- Henriette v. Hessen-Darmstadt 1761–1829; Gem. Ludwigs X. (I.) v. Hessen-Darmstadt, S. 18, 19
- Henriette v. Oranien 1627–1667; Gem. Friedrich Wilhelms v. Brandenburg, S. 24, 25, 42
- v. Hessen-Kassel 1817–1898; Gem. Christians IX. v. Dänemark, S. 18, 47
- Juliane v. Oranien 1576–1644; Gem. Friedrichs IV. v. d. Pfalz, S. 14, 42
- Juliane v. d. Pfalz 1594–1640; Gem. Johanns II. v. Zweibrücken, S. 14, 15
- Karoline v. Hessen-Kassel 1789–1867; Gem. Wilhelms v. Beck-Glücksburg, S. 47
- Karoline v. Hessen-Darmstadt † 1783; Gem. Karl Friedrichs v. Baden, S. 12, 18
- v. Leiningen-Heidesheim 1729–1818; Gem. Georg Wilhelms v. Hessen-Darmstadt, S. 18
- Marie v. Baden (Elisabeth v. Rußland) 1779–1826; Gem. Alexanders I. v. Rußland, S. 12, 75
- Marie Therese v. Orléans 1750–1822; Gem. d. Louis Henri Joseph de Condé, S. 37, 38
- v. Mecklenburg-Güstrow 1667–1721; Gem. Friedrichs IV. v. Dänemark, S. 46
- v. Mecklenburg-Schwerin 1779–1801; Gem. Augusts v. Sachsen-Altenburg, S. 23
- v. Mecklenburg-Strelitz 1776–1810; Gem. Friedrich Wilhelms III. v. Preußen, S. 23, 25
- d. Niederlande 1828–1871; Gem. Carls XV. v. Schweden, S. 43, 51

Luise v. Österreich-Toscana 1870–1947; Gem. Friedrich Augusts III. v. Sachsen, S. 21, 62
- v. Orléans 1812–1850; Gem. Leopolds I. v. Belgien, S. 38, 44
- v. Orléans 1869–1952; Gem. Alphons' Maria v. Bayern, S. 17, 38
- v. Orléans 1882–1958; Gem. Karls v. Bourbon-Sizilien, S. 38, 65
- v. Parma 1802–1857; Gem. Maximilians v. Sachsen, S. 21, 64
- v. Preußen 1808–1870; Gem. Friedrichs d. Niederlande, S. 25, 43
- v. Preußen 1838–1923; Gem. Friedrichs I. v. Baden, S. 12, 25
- v. Preußen 1860–1917; Gem. Arthurs v. Sachsen-Coburg, S. 25, 31
- v. Sachsen-Gotha 1756–1808; Gem. Friedrich Franz I. v. Mecklenburg-Schwerin, S. 23
- v. Sachsen-Gotha-Altenburg 1800–1831; Gem. Ernsts I. v. Sachsen-Coburg, S. 22, 23, 44
- v. Sachsen-Hildburghausen 1794–1825; Gem. Wilhelms v. Nassau, S. 23, 43
- v. Schweden 1851–1926; Gem. Friedrichs VIII. v. Dänemark, S. 47, 51
- v. Sizilien 1773–1802; Gem. Ferdinands III. v. Toscana, S. 8, 62, 65
- Ulrike v. Preußen 1720–1782; Gem. Adolf Friedrichs v. Schweden, S. 25, 50

Luitpold v. Bayern 1821–1912, S. 17, 62
Lukretia Medici v. Toscana 1545–1562; Gem. Alphons' II. v. Este-Ferrara, S. 62, 63
Luna, Peter de (Gegenpapst Benedikt XIII.), S. 66
Lupescu, Magda (Helena v. Rumänien); Gem. Carols II. v. Rumänien, S. 68

Mac Mahon, Patrice Maurice, Staatspräsident v. Frankreich 1873–1879, S. 40
Machado, Bernardino, Staatspräsident v. Portugal 1915–1918 und 1925–1926, S. 59
Madeleine s. Magdalene
Märtha Luise v. Norwegen * 1971, S. 47
- v. Schweden 1901–1954; Gem. Olafs V. v. Norwegen, S. 47, 51
Mafalda v. Italien 1902–1944; Gem. Philipps v. Hessen, S. 18, 61
Magdalena v. Bayern 1587–1628; Gem. Wolfgang Wilhelms v. Pfalz-Neuburg, S. 15, 16
- v. Brandenburg 1582–1616; Gem. Ludwigs V. v. Hessen-Darmstadt, S. 18, 24
Magdalene (Madeleine) v. Bourbon-Busset 1898–1984; Gem. Franz Xavers v. Bourbon-Parma, S. 64
- v. Brandenburg-Kulmbach 1700–1770; Gem. Christians VI. v. Dänemark, S. 46
- v. Jülich † 1633; Gem. Johanns I. v. Pfalz-Zweibrücken, S. 15
- zur Lippe 1552–1587; Gem. Georgs I. v. Hessen-Darmstadt, S. 18
- Sibylle v. Brandenburg 1587–1659; Gem. Johann Georgs I. v. Sachsen, S. 21
- Sibylle v. Brandenburg † 1687; Gem. Johann Georgs II. v. Sachsen, S. 21
- Sibylle v. Hessen-Darmstadt 1652–1712; Gem. Wilhelm Ludwigs v. Württemberg, S. 13, 18
- (Madeleine) v. Schweden * 1982, S. 51
- Wilhelmine v. Württemberg 1677–1742; Gem. Karls III. v. Baden, S. 12, 13
- v. Zweibrücken † 1648; Gem. Christians I. v. Birkenfeld-Bischweiler, S. 15
Magnus v. Dänemark 1540–1583, S. 46

Magnus VI. Lagabote v. Norwegen 1238–1280, S. 45, 48
- v. Sachsen † 1106, S. 70
- I. Ladulas v. Schweden † 1290, S. 45, 52
- II. (V.) Eriksson v. Schweden und Norwegen 1316–1374, S. 45, 52

Magnuson, Tord * 1941, S. 51
Maillé-Brézé, Claire Clemence de 1628–1694; Gem. Ludwigs II. v. Condé, S. 37
Maine, Garsend v., S. 3
- Karl v. 1414–1472, S. 34
- Ludwig August (Louis Auguste) v. 1670–1736, S. 35, 37

Maintenon, Françoise d' Aubigne 1635–1719; Gem. Ludwigs XIV. v. Frankreich, S. 35
Malatesta, Parasina † 1425, S. 63
Mancini, Olympia 1640–1708; Gem. d. Eugen Moritz v. Savoyen-Carignan, S. 60
Manfred v. Sizilien 1232–1266, S. 3
Manos, Aspasia 1896–1972; Gem. Alexanders v. Griechenland, S. 67
Mansdotter, Karin 1550–1612; Gem. Erichs XIV. v. Schweden, S. 49
Manuel s. Emanuel
Manville, Estelle Romaine * 1904; Gem. Folke Bernadottes, S. 51
Margaret Rose v. England * 1930; Gem. d. Anthony Armstrong-Jones, S. 31
Margaretha (Margarita) v. Baden * 1932; Gem. Tomislaws v. Jugoslawien, S. 12, 69
- (Margarita) v. Bourbon-Parma 1847–1893; Gem. Karls (VII.) v. Spanien, S. 55, 64
- (Margarita) v. Bourbon-Parma * 1972, S. 64
- v. Burgund 1374–1441; Gem. Wilhelms VI. v. Holland (II. v. Bayern), S. 16, 36, 42
- v. Dänemark 1456–1486; Gem. Jakobs III. v. Schottland, S. 30, 46
- Eriksdatter v. Norwegen (Schottland) 1283–1290, S. 28
- (Margarita) v. Griechenland 1905–1981; Gem. Gottfrieds v. Hohenlohe, S. 31, 67
- v. Holland 1363–1423; Gem. Johanns v. Burgund, S. 16, 36, 42
- v. Leiningen * 1932; Gem. Friedrich Wilhelms v. Hohenzollern-Sigmaringen, S. 24
- v. Luxemburg * 1957, S. 10, 43
- v. Provence 1221–1295; Gem. Ludwigs IX. v. Frankreich, S. 33, 53
- v. Savoyen 1589–1655; Gem. Franz' IV. v. Mantua, S. 60, 62
- (Margherita) v. Savoyen-Aosta * 1930; Gem. Roberts v. Österreich, S. 9, 61
- (Margherita) v. Savoyen-Genua 1851–1926; Gem. Umbertos I. v. Italien, S. 61
- v. Schottland 1261–1283; Gem. Eriks III. v. Norwegen, S. 28, 45
- v. Schweden * 1934; Gem. John Amblers, S. 51
- (Margarita) v. Spanien * 1939; Gem. d. Carlos Zurita y Delgado, S. 55

Margarethe v. Angoulême 1492–1549; Gem. Karls v. Alençon u. Heinrichs II. v. Navarra, S. 34
- v. Anjou † 1482; Gem. Heinrich VI. v. England, S. 29, 34
- v. Artois † 1311; Gem. Ludwigs v. Evreux, S. 33
- v Bayern † 1501; Gem. Philipps v. d. Pfalz, S. 14

Margarethe v. Böhmen-Luxemburg 1335–1349; Gem. Ludwigs I. v. Ungarn u. Polen, S. 11, 73
- v. Brabant 1276–1311; Gem. Heinrichs VII. (IV.) v. Luxemburg, S. 11
- v. Burgund † 1315; Gem. Ludwigs X. v. Frankreich, S. 33, 36
- v. Dänemark † 1341; Gem. Birgers v. Schweden, S. 45
- v. Dänemark * 1895; Gem. d. Renatus v. Bourbon-Parma, S. 47, 64
- I. v. Dänemark 1353–1412; Gem. Haakons VI. v. Norwegen, S. 45, 48, 52
- II. v. Dänemark * 1940; Gem. d. Henri v. Monpezat, S. 47, 48
- v. England 1240–1275; Gem. Alexanders III. v. Schottland, S. 28
- v. England 1446–1503; Gem. Karls d. Kühnen v. Burgund, S. 29, 36
- v. England 1489–1541; Gem. Jakobs IV. v. Schottland, S. 29, 30
- v. England 1882–1920; Gem. Gustavs VI. Adolf v. Schweden, S. 31, 51
- v. Flandern 1350–1405; Gem. Philipps II. v. Burgund, S. 36
- v. Frankreich 1158–1197; Gem. Belas III. v. Ungarn und Heinrichs v. England, S. 28, 33, 70
- v. Frankreich † 1318; Gem. Eduards I. v. England, S. 28, 33
- v. Frankreich 1523–1574; Gem. Emanuel Philiberts v. Savoyen, S. 34, 60
- v. Holland † 1356; Gem. Ludwigs IV. des Bayern, S. 16, 42
- v. Lothringen 1615–1672; Gem. Gastons v. Orléans, S. 35
- Luise v. Orléans 1645–1721; Gem. Cosimos III. Medici v. Toscana, S. 35, 62
- Marie Farnese v. Parma 1664–1718; Gem. Franz' II. v. Este-Modena, S. 63, 64
- v. Masowien † 1409; Gem. Kasimirs IV. v. Pommern, S. 73
- Maultasch v. Tirol 1318–1369; Gem. Johann Heinrichs v. Mähren und Ludwigs V. v. Brandenburg und Bayern, S. 5, 11, 16
- Medici v. Toscana 1612–1679; Gem. Eduards I. Farnese v. Parma, S. 62, 64
- v. Navarra 1492–1549; Gem. Karls v. Alençon und Heinrichs II. d'Albret v. Navarra, S. 34
- d. Niederlande 1480–1530; Gem. Johanns v. Aragon und Philiberts II. v. Savoyen, S. 7, 53
- (Margriet) d. Niederlande * 1943; Gem. d. Peter van Vollenhoven, S. 43
- v. Österreich † 1266; Gem. Heinrichs (VII.) und Ottokars II. v. Böhmen, S. 3, 4, 72
- v. Österreich 1346–1366; Gem. Johann Heinrichs v. Mähren und Meinhards III. v. Tirol, S. 5, 6, 11
- v. Österreich 1416–1486; Gem. Friedrichs II. v. Sachsen, S. 6
- v. Österreich 1584–1611; Gem. Philips III. v. Spanien, S. 7, 54
- v. Parma 1522–1586; Gem. Alexanders v. Medici und Ottavio Farneses, S. 54, 62, 64
- v. Pommern † 1282; Gem. Christophs I. v. Dänemark, S. 45
- v. Preußen 1872–1954; Gem. Friedrich Karls v. Hessen, S. 18, 26
- v. Sachsen 1840–1858; Gem. Karl Ludwigs v. Österreich, S. 9, 21
- v. Sachsen 1900–1962; Gem. Friedrich Viktors v. Hohenzollern-Sigmaringen, S. 21, 24
- v. Savoyen † 1479; Gem. Ludwigs III. v. Neapel u. Ludwigs IV. v. d. Pfalz, S. 14, 34

Margarethe v. Schottland † 1445; Gem. Ludwigs XI. v. Frankreich, S. 30, 34
- v. Schweden † 1209; Gem. Sverres v. Norwegen, S. 45
- v. Schweden 1899–1977; Gem. Axels v. Dänemark, S. 47, 51
- Sophie v. Österreich 1870–1902; Gem. Albrechts v. Württemberg, S. 9, 13
- Theresia v. Spanien 1651–1673; Gem. Leopolds I. v. Österreich, S. 7, 8, 54
- v. Ungarn † 1299; Gem. Karls v. Valois, S. 34, 70
- v. Valois 1553–1615; Gem. Heinrichs IV. v. Frankreich, S. 34, 35

Margarita, Margherita s. Margaretha
Margerit, Margriet s. Margarethe
Maria Adelheid v. Luxemburg 1894–1924, S. 43
- Adelheid v. Österreich 1822–1855; Gem. Viktor Emanuels II. v. Italien, S. 8, 61
- Alix v. Sachsen * 1901; Gem. Franz Josephs v. Hohenzollern, S. 21, 24
- Amalia Josepha v. Österreich 1701–1756; Gem. Karl Albrechts v. Bayern, S. 8, 16
- Amalia v. Spanien 1779–1798; Gem. Antonio Pascals v. Spanien, S. 55
- Amalie v. Österreich 1746–1804; Gem. Ferdinands v. Parma, S. 8, 64
- Amalie v. Sachsen 1724–1760; Gem. Karls III. v. Spanien, S. 21, 55
- Amalie v. Sachsen 1757–1831; Gem. Karls II. v. Pfalz-Zweibrücken, S. 15, 17, 21
- Amélie v. Orléans 1865–1951; Gem. Karls I. v. Portugal, S. 38, 58
- Anna v. Bayern 1574–1616; Gem. Ferdinands II. v. Österreich, S. 7, 16
- Anna v. Braganza 1861–1942; Gem .Wilhelms v. Luxemburg, S. 43, 58
- Anna Christine v. Bayern 1660–1690; Gem. Ludwigs v. Frankreich, S. 16, 35
- Anna Josepha v. Sulzbach 1722–1790; Gem. d. Clemens Franz v. Paula in Bayern, S. 15, 16
- Anna Caroline v. Pfalz-Neuburg 1693–1751; Gem. d. Ferdinand Maria Innozenz v. Bayern, S. 15, 16
- Anna v. Österreich 1610–1665; Gem. Maximilians I. v. Bayern, S. 7, 16
- Anna v. Österreich 1635–1696; Gem. Philipps IV. v. Spanien, S. 7, 54
- Anna v. Österreich 1683–1754; Gem. Johanns V. v. Portugal, S. 8, 58
- Anna v. Österreich 1718–1744; Gem. Karl Alexanders v. Lothringen, S. 8, 38
- Anna v. Portugal 1843–1884; Gem. Georgs v. Sachsen, S. 21, 58
- Anna v. Pfalz-Neuburg 1667–1740; Gem. Karls II. v. Spanien, S. 15, 54
- Anna v. Sachsen 1799–1832; Gem. Leopolds II. v. Toscana, S. 21, 62
- Anna Sophie v. Sachsen 1728–1797; Gem. Maximilians III. Joseph v. Bayern, S. 16, 21
- Anna v. Savoyen 1803–1884; Gem. Ferdinands I. v. Österreich, S. 8, 60
- Anna v. Spanien 1606–1646; Gem. Ferdinands III. v. Österreich, S. 7, 54
- Anna Viktoria v. Spanien 1718–1781; Gem. Josephs I. v. Portugal, S. 55, 58
- Annunciata v. Sizilien 1843–1871; Gem. Karl Ludwigs v. Österreich, S. 9, 65
- Antonia v. Braganza 1862–1959; Gem. Roberts v. Bourbon-Parma, S. 58, 64
- Antonia v. Österreich 1669–1692; Gem. d. Maximilian II. Emanuel v. Bayern, S. 8, 16
- Antonia v. Österreich 1755–1793 s. Marie Antoinette
- Antonia v. Sizilien 1814–1898; Gem. Leopolds II. v. Toscana, S. 62, 65

Maria Antonia Walpurga v. Bayern 1724–1780; Gem. Friedrich Christians v. Sachsen, S. 16, 21
- v. Aragon 1482–1517; Gem. Emanuels I. v. Portugal, S. 53, 57
- Barbara v. Portugal 1711–1758; Gem. Ferdinands VI. v. Spanien, S. 55, 58
- v. Bayern 1551–1608; Gem. Karls v. d. Steiermark, S. 7, 16
- v. Bayern 1872–1954; Gem. Ferdinands v. Bourbon-Neapel, S. 17, 65
- Beatrice v. Este 1658–1718; Gem. Jakobs II. v. England, S. 30, 63
- Beatrice v. Italien * 1943; Gem. d. Luis Reyna, S. 61
- Beatrix v. Este-Modena 1750–1829; Gem. Ferdinand Karls v. Österreich, S. 8, 63
- v. Böhmen † nach 1138; Gem. Leopolds IV. v. Bayern, S. 4
- v. Brabant 1191–1260; Gem. Ottos IV. und Wilhelms I. v. Holland, S. 3, 42
- v. Burgund 1457–1482; Gem. Maximilians I. v. Österreich, S. 6, 7, 36
- Christina v. Österreich 1858–1929; Gem. Alphons XII. v. Spanien, S. 8, 55, 56
- Christina v. Sachsen 1779–1851; Gem. Karl Emanuels v. Savoyen-Carignan, S. 21, 60
- Christina v. Sizilien 1806–1878; Gem. Ferdinands VII. v. Spanien, S. 55, 65
- Eleonora v. Brandenburg 1599–1655; Gem. Gustavs II. Adolf v. Schweden, S. 24, 49
- Elisabeth v. Savoyen 1800–1856; Gem. Rainers v. Österreich, S. 8, 60
- I. v. England, die Katholische, 1516–1558; Gem. Philipps II. v. Spanien, S. 29, 32, 54
- II. v. England 1662–1695; Gem. Wilhelms III. v. Oranien, S. 30, 32, 42
- v. England 1496–1533; Gem. Ludwigs XII. v. Frankreich u. Karls v. Suffolk, S. 29, 34
- v. England 1631–1660; Gem. Wilhelms II. v. Oranien, S. 30, 42
- v. England 1723–1772; Gem. Friedrichs II. v. Hessen-Kassel, S. 18, 30
- de la Esperanza v. Bourbon-Sizilien * 1914; Gem. Peters v. Orléans-Braganza, S. 38, 65
- v. Este-Modena 1644–1684; Gem. Rainutios II. Farnese v. Parma, S. 63, 64
- Farnese v. Parma 1615–1646; Gem. Franz' I. v. Este-Modena, S. 63, 64
- v. Frankreich 1198–1224; Gem. Heinrichs I. v. Brabant, S. 33
- Franziska Isabella v. Savoyen 1646–1683; Gem. Alphons VI. und Peters II. v. Portugal, S. 58
- Gabriella v. Savoyen * 1940; Gem. Roberts de Balkany, S. 61
- da Gloria v. Orléans * 1946; Gem. Alexanders v. Jugoslawien, S. 38, 69
- v. Griechenland 1876–1940; Gem. Georgs v. Rußland, S. 67, 76
- v. Hessen-Kassel 1796–1880; Gem. Georg Friedrichs v. Mecklenburg-Strelitz, S. 18, 23
- v. Hohenzollern-Sigmaringen 1845–1912; Gem. Philipps v. Flandern, S. 24, 44
- Immaculata v. Sizilien 1844–1899; Gem. Karl Salvators v. Toscana, S. 62, 65
- Isabella v. Österreich-Toscana 1834–1901; Gem. d. Franz v. Trapani, S. 62, 65
- Isabella v. Portugal 1797–1818; Gem. Ferdinands VII. v. Spanien, S. 55, 58
- Josepha (Marie José) v. Braganza 1857–1943; Gem. Carl Theodors in Bayern, S. 17, 58
- Josepha v. Österreich 1699–1757; Gem. Friedrich Augusts II. v. Sachsen, S. 8, 21

Maria Josepha v. Sachsen 1731–1767; Gem. Ludwigs v. Frankreich, S. 21, 35
- Josepha v. Sachsen 1867–1944; Gem. d. Otto Franz Joseph v. Österreich, S. 9, 21
- Karolina v. Bourbon-Parma * 1974, S. 64
- Klementine v. Polen 1702–1735; Gem. Jakob (III.) Eduards v. England, S. 30
- v. Kleve † 1486; Gem. Karls v. Orléans, S. 34
- Leopoldine v. Bayern 1805–1877; Gem. Friedrich Augusts II. v. Sachsen, S. 17, 21
- Leopoldine v. Österreich-Este 1776–1848; Gem. Karl Theodors v. Pfalz-Bayern, S. 15, 63
- Leopoldine v. Tirol 1632–1649; Gem. Ferdinands III. v. Österreich, S. 7
- Luise v. Parma 1870–1899; Gem. Ferdinands I. v. Bulgarien, S. 64, 68
- v. Luxemburg 1304–1324; Gem. Karls IV. v. Frankreich, S. 11, 33
- Ludovica v. Österreich-Este 1787–1816; Gem. Franz I. (II.) v. Österreich, S. 8, 63
- Magdalena v. Österreich 1589–1631; Gem. Cosimos II. Medici v. Toscana, S. 7, 62
- v. Mecklenburg, Gem. Wladislaws VII. v. Pommern, S. 45
- v. Medici 1573–1642; Gem. Heinrichs IV. v. Frankreich, S. 35, 62
- de las Mercedes v. Bourbon-Sizilien * 1910; Gem. Juans v. Spanien, S. 55, 65
- de las Mercedes v. Spanien 1880–1904; Gem. Karls v. Bourbon-Sizilien, S. 55, 65
- Nikolajewna v. Rußland 1819–1876; Gem. Maximilians v. Leuchtenberg, S. 39, 76
- v. Orléans 1813–1839; Gem. Alexanders v. Württemberg, S. 13, 38
- v. Orléans-Braganza 1914–1968; Gem. Duarte Nuños v. Braganza, S. 38
- Paulowna v. Mecklenburg-Schwerin 1854–1920; Gem. Wladimir Alexandrowitschs v. Rußland, S. 23, 76
- Paulowna v. Rußland 1786–1859; Gem. Karl Friedrichs v. Sachsen-Weimar, S. 22, 75
- Paulowna v. Rußland 1890–1958; Gem. Wilhelms v. Schweden und d. Sergius Michailowitsch v. Rußland, S. 51, 76
- Pia v. Savoyen 1847–1911; Gem. Ludwigs I. v. Portugal, S. 58, 61
- Pia v. Savoyen * 1934; Gem. Alexanders v. Jugoslawien, S. 61, 69
- Pia v. Sizilien 1849–1882; Gem. Roberts v. Bourbon-Parma, S. 64, 65
- del Pilar v. Spanien * 1936, S. 55
- I. v. Portugal 1734–1816; Gem. Peters (III.) v. Portugal, S. 58, 59
- II. v. Portugal, da Gloria 1819–1853; Gem. Augusts v. Leuchtenberg und Ferdinands v. Sachsen-Coburg, S. 39, 44, 58, 59
- v. Portugal 1527–1545; Gem. Philipps II. v. Spanien, S. 54, 57
- v. Portugal 1538–1577; Gem. d. Alexander Farnese v. Parma, S. 57, 64
- v. Sachsen-Weimar 1808–1877; Gem. Karls v. Preußen, S. 22, 25
- v. Schottland s. Stuart
- v. Schwarzburg-Rudolstadt † 1922; Gem. Friedrich Franz' II. v. Mecklenburg-Schwerin, S. 23
- v. Sizilien † 1366; Gem. Karls v. Durazzo, S. 70
- v. Spanien 1505–1558; Gem. Ludwigs II. v. Ungarn und Böhmen, S. 7, 73

Maria v. Spanien 1528–1603; Gem. Maximilians II. v. Österreich, S. 7, 54
- de la Paz v. Spanien 1862–1946; Gem. Ludwig Ferdinands v. Bayern, S. 17, 55
- Theresa v. Spanien 1882–1912; Gem. Ferdinand Marias v. Bayern, S. 17, 55
- Therese v. Österreich-Este 1849–1919; Gem. Ludwigs III. v. Bayern, S. 17, 63
- Therese v. Spanien 1638–1683; Gem. Ludwigs XIV. v. Frankreich, S. 35, 54
- Theresia v. Bourbon-Sizilien 1867–1909; Gem. Wilhelms v. Hohenzollern-Sigmaringen, S. 24, 65
- Theresia v. Braganza 1855–1944; Gem. Karl Ludwigs v. Österreich, S. 9, 58
- Theresia v. Liechtenstein 1908–1973; Gem. d. Arthur Gf. Strachwitz, S. 10
- Theresia v. Löwenstein-Wertheim 1870–1935; Gem. Michaels v. Braganza, S. 58
- Theresia v. Österreich 1717–1780; Gem. Franz Stephans v. Lothringen, S. 8, 38, 62, 71, 72
- Theresia v. Österreich 1845–1927; Gem. Philipp Alexanders v. Württemberg, S. 8, 13
- Theresia v. Österreich-Toscana 1862–1933; Gem. Karl Stephans v. Österreich, S. 8, 62
- v. Ungarn 1370–1395; Gem. Sigismunds v. Böhmen-Luxemburg, S. 11, 71, 73
- v. Valois † 1328; Gem. Karls v. Kalabrien, S. 34, 70

Marianne d. Niederlande 1810–1883; Gem. Albrechts v. Preußen, S. 25, 43
Marie Adelaide v. England 1833–1897; Gem. d. Franz v. Teck, S. 13, 30
- Adelaide Clothilde v. Frankreich 1759–1802; Gem. Karl Emanuels IV. v. Savoyen, S. 35, 60
- Adelaide v. Frankreich 1732–1800, S. 35
- Adelaide v. Savoyen 1685–1712; Gem. Ludwigs v. Burgund, S. 35, 60
- Alexandra v. Baden 1902–1944; Gem. Wolfgangs v. Hessen, S. 12, 18
- Amalie v. Kurland † 1711; Gem. Karls v. Hessen-Kassel, S. 18
- Amalie v. Birkenfeld-Zweibrücken 1752–1828; Gem. Friedrich Augusts I. v. Sachsen, S. 17, 21
- Amelie v. Sizilien 1782–1866; Gem. Ludwig Philipps III. v. Orléans, S. 38, 65
- v. Anhalt 1837–1906; Gem. Friedrich Karls v. Preußen, S. 25
- Anna Beatrice v. Österreich-Este 1824–1906; Gem. Juans (III.) v. Spanien, S. 55, 63
- Anna v. Birkenfeld-Zweibrücken 1753–1824; Gem. Wilhelms v. Birkenfeld-Gelnhausen, S. 15, 17
- Anna v. Hessen-Homburg 1785–1846; Gem. d. Friedrich Wilhelm Karl v. Preußen, S. 19, 25
- Anna Josepha v. Österreich 1654–1689; Gem. Johann Wilhelms v. Pfalz-Neuburg, S. 7, 15
- Anne de Conti 1689–1720; Gem. d. Louis Henri de Condé, S. 37
- Antoinette v. Österreich 1755–1793; Gem. Ludwigs XVI. v. Frankreich, S. 8, 35
- Antonia Ferdinande v. Spanien 1729–1785; Gem. Viktor Amadeus' III. v. Savoyen, S. 55, 60
- Antonie v. Sizilien 1784–1806; Gem. Ferdinands VII. v. Spanien, S. 55, 65
- v. Aragon † 1445; Gem. Johanns II. v. Kastilien, S. 53
- Astrid v. Luxemburg * 1954, S. 9, 43

Marie Auguste v. Anhalt 1898–1983; Gem. Joachims v. Preußen, S. 26
- v. Baden † 1808; Gem. Friedrich Wilhelms v. Braunschweig-Wolfenbüttel, S. 12, 20
- v. Brabant † 1321; Gem. Philipps III. v. Frankreich, S. 33
- v. Brandenburg-Kulmbach † 1567; Gem. Friedrichs III. v. Pfalz-Simmern, S. 14
- v. Champagne † 1190; Gem. Eudos II. v. Burgund, S. 28, 36
- Christine v. Belgien * 1951, S. 44
- Christine v. Bourbon-Sizilien 1877–1947; Gem. Peter Ferdinands v. Toscana, S. 62, 65
- Christine v. Österreich 1742–1798; Gem. Albert Kasimirs v. Sachsen-Teschen, S. 8, 21
- Christine v. Sardinien 1812–1836; Gem. Ferdinands II. v. Sizilien, S. 60, 65
- Christine v. Württemberg * 1924; Gem. Georgs v. Liechtenstein, S. 10, 13
- Clementine v. Orléans 1817–1907; Gem. Augusts v. Sachsen-Coburg, S. 38, 44
- Dorothea v. Württemberg † 1855; Gem. Josephs v. Österreich, S. 8, 13
- Eleonore v. Hessen † 1720; Gem. Theodors v. Sulzbach, S. 15
- Elisabeth v. Sachsen 1610–1684; Gem. Friedrichs III. v. Holstein-Gottorp, S. 21, 50
- Esmeralda v. Belgien * 1956, S. 44
- Franziska (Françoise) v. Braganza 1800–1834; Gem. Karls (V.) v. Spanien, S. 55, 58
- Franziska v. Sulzbach 1724–1794; Gem. Friedrich Michaels v. Birkenfeld-Zweibrücken, S. 15, 17
- Friederike v. Preußen 1825–1889; Gem. Maximilians II. v. Bayern, S. 17, 25
- Gabrielle in Bayern 1878–1912; Gem. Rupprechts v. Bayern, S. 17
- Henriette v. Österreich 1836–1902; Gem. Leopolds II. v. Belgien, S. 8, 44
- v. Hessen-Darmstadt 1824–1880; Gem. Alexanders II. v. Rußland, S. 19, 76
- v. Hessen-Kassel 1814–1895; Gem. Friedrichs v. Anhalt, S. 18
- v. Holstein-Gottorp 1634–1665; Gem. Ludwigs VI. v. Hessen-Darmstadt, S. 18, 50
- Isabella v. Spanien 1789–1848; Gem. Franz' I. v. Neapel und Sizilien, S. 55, 65
- José v. Belgien * 1906; Gem. Umbertos II. v. Italien, S. 44, 61
- José v. Braganza s. Maria Josepha
- Josephine v. Savoyen 1753–1810; Gem. Ludwigs XVIII. v. Frankreich, S. 35, 60
- Karoline v. Österreich 1752–1814; Gem. Ferdinands I. v. Neapel und Sizilien, S. 8, 65
- Karoline v. Sizilien 1798–1870; Gem. Karl Ferdinands v. Berry, S. 35, 65
- v. Lothringen 1674–1724; Gem. Anton Grimaldis v. Monaco, S. 41
- Luise Elisabeth v. Orléans 1695–1719; Gem. Karls v. Berry, S. 35, 38
- Luise Gabriele v. Savoyen 1688–1714; Gem. Philipps V. v. Spanien, S. 55, 60
- Luise v. Hannover 1879–1948; Gem. d. Max v. Baden, S. 12, 20
- Luise v. Hessen-Kassel 1688–1765; Gem. Johann Wilhelm Frisos v. Oranien, S. 18, 42
- Luise v. Österreich 1791–1847; Gem. Napoleons I., S. 8, 39, 64
- Luise v. Orléans 1662–1689; Gem. Karls II. v. Spanien, S. 38, 54

Marie Luise v. Parma 1751–1819; Gem. Karls IV. v. Spanien, S. 55, 64
- Luise v. Schaumburg-Lippe 1897–1938; Gem. Friedrichs v. Preußen, S. 47
- Luise v. Schleswig-Holstein 1872–1957; Gem. Ariberts v. Anhalt, S. 47
- Luise v. Spanien 1745–1792; Gem. Leopolds II. v. Österreich, S. 8, 55, 62
- Luise v. Spanien 1782–1824; Gem. Ludwigs v. Parma, S. 55, 64
- Luise Viktoria v. Sachsen-Coburg 1786–1861; Gem. Eduards v. Kent und Emich Karls zu Leiningen, S. 30, 44
- v. Mecklenburg-Güstrow 1659–1701; Gem. Adolf Friedrichs II. v. Mecklenburg-Strelitz, S. 23
- v. Nassau 1825–1902; Gem. Hermanns zu Wied, S. 43
- v. Neapel † 1463; Gem. Karls VII. v. Frankreich, S. 34
- Nikolaijewna v. Rußland 1899–1918, S. 76
- v. Orléans 1865–1909; Gem. Waldemars v. Dänemark, S. 38, 47
- v. Ostfriesland 1582–1616; Gem. d. Julius Ernst v. Braunschweig, S. 20
- v. d. Pfalz 1561–1589; Gem. Karls IX. v. Schweden, S. 14, 49
- v. Portugal 1313–1357; Gem. Alphons XI. v. Kastilien, S. 53
- v. Rumänien 1900–1961; Gem. Alexanders I. v. Jugoslawien, S. 68, 69
- v. Rußland 1853–1920; Gem. Alfreds v. Edinburg, S. 22, 31, 76
- v. Sachsen 1796–1865; Gem. Ferdinands III. v. Toscana, S. 8, 21, 62
- v. Sachsen-Altenburg 1818–1907; Gem. Georgs V. v. Hannover, S. 20, 23
- v. Sachsen-Altenburg † 1898; Gem. Albrechts v. Preußen, S. 25
- v. Sachsen-Coburg-Gotha 1875–1938; Gem. Ferdinands I. v. Rumänien, S. 24, 31, 68
- Sophie in Bayern 1841–1925; Gem. Franz' II. v. Neapel, S. 17, 65
- Sophie Friederike v. Hessen-Kassel 1767–1852; Gem. Friedrichs VI. v. Dänemark, S. 47
- Sophie v. Pfalz-Neuburg 1666–1699; Gem. Peters II. v. Portugal, S. 15, 58
- Therese v. Condé 1666–1732; Gem. d. François Louis de Conti, S. 37
- Therese v. Frankreich (v. Angoulême, Madame Royal) 1778–1851; Gem. d. Louis Antoine v. Angoulême, S. 35
- Therese v. Modena 1726–1754; Gem. d. Johann v. Penthièvre, S. 35, 63
- Therese v. Österreich 1767–1827; Gem. Antons v. Sachsen, S. 8, 21
- Therese v. Österreich 1816–1867; Gem. Ferdinands II. v. Neapel und Sizilien, S. 8, 65
- Therese v. Savoyen 1756–1805; Gem. Karls X. v. Frankreich, S. 35, 60
- Therese v. Savoyen-Carignan (Przn. v. Lamballe) 1749–1792, S. 35, 60
- Therese v. Sizilien 1772–1807; Gem. Franz' I. (II.) v. Österreich, S. 8, 65
- Therese v. Spanien 1726–1746; Gem. Ludwigs v. Frankreich, S. 35, 55
- Therese v. Spanien 1779–1828; Gem. Manuels de Godoy, S. 55
- Therese v. Österreich-Toscana 1801–1855; Gem. Karl Alberts v. Sardinien, S. 60, 61, 62
- Therese v. Württemberg * 1934; Gem. Heinrichs v. Orléans, S. 13, 38
- v. Ungarn † 1026; Gem. Otto Orseolos v. Venedig, S. 70
- v. Ungarn † 1323; Gem. Karl II. v. Neapel, S. 33, 70
- Valerie v. Österreich 1868–1924; Gem. Franz Salvators v. Toscana, S. 9, 62

Marie v. Württemberg 1799–1860; Gem. Ernsts I. v. Sachsen-Coburg, S. 13, 44
Marina v. Griechenland 1906–1968; Gem. Georgs v. Kent, S. 31, 67
Marinus I (= Martin II.) Papst 882–884, S. 66
- II. (= Martin III.) Papst 942–946, S. 66
Markus, Papst 336, S. 66
Martelli, Camilla † 1590; Gem. Cosimos I. Medici v. Toscana, S. 62
Martin I., Papst 649–655, S. 66
- II. (= Marinus I.) Papst 882–884, S. 66
- III. (= Marinus II.) Papst 942–946, S. 66
- IV., Papst 1281–1285, S. 66
- V., Papst 1417–1431 (Oddone Colonna), S. 66
Martinez-Franco, Maria del Carmen * 1951; Gem. Alfonsos v. Bourbon-Dampierre, S. 55
Martinović, Obren † 1780, S. 69
- Višnja † 1817, S. 69
Martinozzi, Anne Marie 1637–1672; Gem. Armands de Conti, S. 37
- Laura † 1687; Gem. Alphons' II. v. Este-Modena, S. 63
Mary s. Maria
Marzellinus, Papst 296–304, S. 66
Marzellus I., Papst 308–309, S. 66
- II., Papst 1555, S. 66
Masaryk, Tomáš, Staatsoberhaupt der Tschechoslowakei 1918–1935, S. 72
Mašin, Draga Lunjewica 1867–1903; Gem. Alexanders I. Obrenović v. Serbien, S. 69
Massa, Marie Therese v. † 1790; Gem. Ercoles III. Rainald v. Modena, S. 63
Mastai-Ferretti, Giovanni Gf. (Papst Pius IX.), S. 66
Mathilde in Bayern 1843–1925; Gem. Ludwigs v. Trani, S. 17, 65
- v. Bayern 1877–1906; Gem. Ludwigs v. Sachsen-Coburg, S. 17, 44
- v. Brabant † 1267; Gem. Heinrichs II. v. Hannover und Florenz' IV. v. Holland, S. 3, 42
- v. Brandenburg † 1261; Gem. Ottos I. v. Braunschweig-Lüneburg, S. 3
- v. Burgund; Gem. Eudos I. v. Burgund, S. 36
- v. England 1102–1167; Gem. Heinrichs V. und Gottfried Plantagenets v. Anjou, S. 2, 28
- v. England 1156–1189; Gem. Heinrichs XI. v. Bayern und Sachsen, S. 3, 28
- v. Flandern † 1083; Gem. Wilhelms I. v. England, S. 28, 33
- v. Franken 1045–1060; Gem. Rudolfs v. Rheinfelden, S. 2
- v. Frankreich 943–992; Gem. Konrads III. v. Burgund, S. 1, 2, 36
- Friederike v. Bayern 1813–1862; Gem. Ludwigs III. v. Hessen-Darmstadt, S. 17, 19
- v. Habsburg 1251–1304; Gem. Ludwigs II. v. Bayern, S. 3, 6
- v. Kärnten † ~ 1161; Gem. Thibauts IV. v. Blois, S. 5, 28
- v. d. Pfalz 1419–1482; Gem. Albrechts VI. v. Habsburg, S. 6, 14
- v. Savoyen † 1438; Gem. Ludwigs III. v. d. Pfalz, S. 14
- v. Schottland † 1118; Gem. Heinrichs I. v. England, S. 28
- v. Schwaben † 1033; Gem. Konrads I. v. Kärnten, S. 2

Mathilde v. Sizilien † nach 1095; Gem. Konrads v. Franken, S. 2
- v. Sulzbach † 1165; Gem. Engelberts III. v. Kärnten, S. 5
- v. Tuscien † 1115; Gem. Welfs V. v. Bayern, S. 3
- v. Westfalen † 968; Gem. Heinrichs I., S. 2
Matthias Hunyadi Corvinus † 1490, S. 71, 72
- v. Österreich 1557–1619, S. 7, 27, 71, 72
Maud v. England 1869–1938; Gem. Haakons VII. v. Norwegen, S. 31, 47
Maurer, Gheorghe, Staatsoberhaupt v. Rumänien 1958–1961, S. 68
Maurits der Niederlande (Oranien-Nassau) * 1968, S. 43
Max v. Baden 1867–1929, S. 12, 20
- Emanuel v. Bayern * 1937, S. 17
Maximilian v. Baden * 1933, S. 12, 62
- in Bayern 1808–1888, S. 15, 17
- I. v. Bayern 1573–1651, S. 7, 16, 34
- II. Emanuel v. Bayern 1662–1726, S. 8, 16
- Eugen v. Österreich 1895–1952, S. 9
- III. Joseph v. Bayern 1727–1777, S. 16, 21
- IV. (I.) Joseph v. Bayern 1756–1825, S. 12, 15, 17, 18
- II. v. Bayern 1811–1864, S. 17, 25
- Emanuel in Bayern 1849–1893, S. 17, 44
- v. Hessen-Kassel 1689–1753, S. 18
- v. Leuchtenberg 1817–1852, S. 39, 76
- v. Liechtenstein * 1969, S. 10
- II. v. Liechtenstein 1641–1709, S. 10
- v. Mexiko (Ferdinand M. v. Österreich) 1832–1867, S. 9, 44
- I. v. Österreich 1459–1519, S. 6, 7, 27, 36, 63
- II. v. Österreich 1527–1576, S. 7, 27, 54, 71, 72
- v. Sachsen 1759–1838, S. 21, 64
- Sforza v. Mailand 1491–1530, S. 63
Mechthild v. Nassau 1280–1323; Gem. Rudolfs I. v. d. Pfalz, S. 3
Medici-Ottaiano, Alessandro de (Papst Leo XI.), S. 66
Meinhard I. v. Tirol (III. v. Görz) † 1258, S. 5
- II. v. Tirol 1235–1295, S. 3, 5
- III. v. Tirol 1344–1363, S. 5, 6
Melchiades, Papst 311–314, S. 66
Mendel, Henriette (Bar. Wallersee) 1833–1891; Gem. Ludwigs in Bayern, S. 17
Mendoza, Johanna v. † 1580; Gem. Jakobs v. Braganza, S. 57
Meran, Franz v. 1839–1891, S. 8
Merenberg, Sophie v. 1868–1927; Gem. Michaels v. Rußland, S. 76
Merode, Antoinette de 1828–1864; Gem. Karls III. v. Monaco, S. 41
Mestre, Maria Teresa * 1956; Gem. d. Henri v. Luxemburg, S. 43
Michael v. Braganza 1853–1927, S. 58
- v. Griechenland * 1939, S. 67
- v. Kent * 1942, S. 31
- Michailowitsch v. Rußland 1861–1929, S. 76

Michael Nikolajewitsch v. Rußland 1832–1909, S. 12, 76
- Obrenović v. Serbien 1823–1868, S. 69
- Pawlowitsch v. Rußland 1798–1849, S. 13, 75
- Petrović v. Montenegro 1908–1986, S. 69
- (Miguel) v. Portugal 1802–1866, S. 58, 59
- I. v. Rumänien * 1921, S. 64, 68
- I. v. Rußland 1596–1645, S. 75, 77
- v. Ungarn † ~ 977, S. 70

Miguel s. Michael
Mijatović, Cvijetin, jug. Staatsoberhaupt 1980–1982, S. 69
Miklas, Wilhelm, österreichischer Bundespräsident 1928–1938, S. 27
Mikojan, Anastas Iwanowitsch, Staatsoberhaupt der UdSSR 1964–1965, S. 77
Milan Obrenović v. Serbien 1819–1839, S. 69
- Obrenović (Kg.) v. Serbien 1854–1901, S. 69

Milica v. Montenegro 1866–1951; Gem. Peters v. Rußland, S. 69, 76
Millerand, Alexandre, Staatspräsident v. Frankreich 1920–1924, S. 40
Miloš Obrenović v. Serbien 1780–1860, S. 69
Miloslawskaja, Maria † 1668; Gem. Alexeijs v. Rußland, S. 75
Miltiades, Papst s. Melchiades
Mirko v. Montenegro 1820–1867, S. 69
- v. Montenegro 1879–1918, S. 69

Mitterrand, François, franz. Staatspräsident seit 1981, S. 40
Mojsov, Lazar, jug. Staatsoberhaupt 1987–1988, S. 69
Molina, Maria v. † 1322; Gem. Sanchos IV. v. Kastilien, S. 53
Monmouth, James v. 1649–1685, S. 30
Monpezat, Henri de * 1934, S. 47
Montafié, Anne de 1577–1644; Gem. d. Charles de Condé, S. 37
Montagu-Douglas-Scott, Alice; Gem. d. Henry v. Gloucester, S. 31
Montenuovo, Alfred v. 1854–1927, S. 8
- Wilhelm Albrecht v. 1819–1895, S. 8

Montespan, Françoise Athenais de 1641–1707, S. 35
Montford, Bertrada v. † 1117; Gem. Philipps I. v. Frankreich, S. 33
Montini, Giovanni Battista (Papst Paul VI.), S. 66
Montmorency, Charlotte v. 1594–1650; Gem. Heinrichs II. v. Bourbon-Condé, S. 37
Montpellier, Marie de † 1213; Gem. Peters II. v. Aragon, S. 53
Montpensier, Anne Marie Louise v. 1627–1693, S. 35
- Anton v. 1824–1890, S. 38, 55
- Isabella v. 1848–1919; Gem. Philipps v. Orléans, S. 38
- Maria de las Mercedes v. 1860–1878; Gem. Alphons' XII. v. Spanien, S. 38, 55
- Marie v. 1605–1627; Gem. Gastons v. Orléans, S. 35

Morgen, Angela v. * 1942; Gem. Ferfrieds v. Hohenzollern-Sigmaringen, S. 24
Moritz v. Hessen-Kassel 1572–1632, S. 18
- v. Oranien 1567–1625, S. 42
- v. Sachsen 1696–1750, S. 21

Morosini, Thomasina, zu Venedig † 1300; Gem. Stephans v. Ungarn, S. 70

Mortimer, Anna 1390–1411; Gem. Richards v. Cambridge, S. 29
- Edmund (v. March) † 1382, S. 29
- Roger VI. † 1398, S. 29
Mościcki, Ignaz, Staatsoberhaupt v. Polen 1926–1939, S. 74
Mountbatten s. a. Battenberg
- Alexander Albert 1886–1960, S. 19
- Georg 1892–1938, S. 19, 76
- Louise 1889–1965; Gem. Gustavs VI. Adolf v. Schweden, S. 19, 51
- Ludwig (Louis), of Burma 1900–1979, S. 19
- Philipp, Hz. v. Edinburg * 1921, S. 31, 67
Murat, Antoinette 1793–1847; Gem. Karls v. Hohenzollern-Sigmaringen, S. 24
- Joachim † 1815, S. 39
Murray, James v. † 1570, S. 30
Murrone, Peter v. (Papst Zölestin V.), S. 66
Mutius Attendulus genannt Sforza 1369–1424, S. 63

Nadejda v. Bulgarien 1899–1958; Gem. Albrecht Eugens v. Württemberg, S. 13, 68
Naitscheff, Mintscho, Staatsoberhaupt v. Bulgarien 1947–1950, S. 68
Namur, Blanka v. † 1363; Gem. Magnus II. Eriksen v. Norwegen und Schweden, S. 45
Nantes, Louise Franziska de 1673–1743; Gem. Ludwigs III. de Condé, S. 35, 37
Napoleon I. Bonaparte 1769–1821, S. 8, 39, 40
- (II., Hz. v. Reichstadt, Franz Joseph Karl) 1811–1832, S. 39
- III. (Louis Napoleon) 1808–1873, S. 39, 40
- (Loulou) 1856–1879, S. 39
Narutowicz, Gabriel, Staatspräsident v. Polen 1922, S. 74
Naryschina, Nathalia † 1694; Gem. Alexejis v. Rußland, S. 75
Nathalie Konstantinović v. Montenegro 1882–1950; Gem. Mirkos v. Montenegro, S. 69
Neipperg, Adam Adalbert v. 1775–1829, S. 8
Nemeth, Károly, ung. Staatsoberhaupt 1987–1988, S. 71
Nemours, Marie Johanna v. 1644–1724; Gem. Karl Emanuels II. v. Savoyen, S. 60
Nenadović, Persida 1813–1873; Gem. Alexanders I. Karadjordjević v. Serbien, S. 69
Nevers, Sibylle v. † 1078; Gem. Hugos I. v. Burgund, S. 36
Neville of Warwick, Anne † 1485; Gem. Edwards u. Richards III. v. England, S. 29
Nicola, Enrico de, provisorischer Staatspräsident v. Italien 1946–1948, S. 61
Nikita s. Nikolaus
Nikolaus I., Papst 858–867, S. 66
- II., Papst 1058–1061, S. 66
- III., Papst 1277–1280 (Giovanni Gaetano Orsini), S. 66
- IV., Papst 1288–1292, S. 66
- V., Gegenpapst 1328–1330, S. 66
- V., Papst 1447–1455, S. 66
- III. v. Este † 1441, S. 63

Nikolaus Ferdinand v. Liechtenstein * 1947, S. 10, 43
- v. Griechenland 1872–1938, S. 67, 76
- v. Griechenland * 1969, S. 67
- (Nicholas) v. Kent (Windsor) * 1970, S. 31
- I. v. Montenegro 1841–1921, S. 69
- Nikolajewitsch v. Rußland 1831–1891, S. 76
- I. v. Rußland 1796–1855, S. 25, 75, 76, 77
- II. v. Rußland 1868–1918, S. 19, 76, 77
- v. Rußland 1856–1929, S. 69, 76

Nissvandt, Karin * 1911; Gem. d. Lennart Bernadotte, S. 51
Noailles, Marie Viktoria v. 1688–1766; Gem. d. Louis Alexandre v. Toulouse, S. 35
Noghès, Alexandre * 1916, S. 41
Nora Elisabeth v. Liechtenstein * 1950, S. 10
Nordheim, Ethelinde v. † nach 1070; Gem. Welfs IV. v. Bayern, S. 3
Nostitz-Rieneck, Friedrich v. 1893–1973, S. 9
Novatian, Gegenpapst 251–um 258, S. 66
Novotný, Antonín, Staatsoberhaupt der Tschechoslowakei 1957–1968, S. 72

Obrenović, Christofor † 1825, S. 69
- Jevrem 1790–1856, S. 69
- Milan † 1810, S. 69
- Miloš 1829–1861, S. 69

Ochab, Edward, Staatsoberhaupt v. Polen 1964–1968, S. 74
Oda † 899; Gem. Arnulfs v. Kärnten, S. 1
- v. Sachsen; Gem. Zwentibolds v. Lothringen, S. 1, 2

Odescalchi, Benedetto (Papst Innozenz XI.), S. 66
Odilo v. Bayern † 748, S. 1
Odo v. Paris, Kg. Westfrankens 888–898, S. 40
Oettingen, Irmgard v. 1304–1389; Gem. Adolfs v. d. Pfalz, S. 3
- Therese v. † 1971; Gem. Alfreds v. Liechtenstein, S. 10
- -Spielberg, Marie Anna v. 1693–1729; Gem. d. Joseph Adam v. Liechtenstein, S. 10

Ogilvy, Angus * 1928, S. 31
- James * 1964, S. 31
- Marina * 1966, S. 31

Oktavian (Gegenpapst Viktor IV.), S. 66
Olaf Haakonsson v. Norwegen und Dänemark 1370–1387, S. 45, 48
- V. v. Norwegen * 1903, S. 47, 48, 51

Olbreuse, Eleonore d' 1639–1722; Gem. Georg Wilhelms v. Braunschweig-Celle, S. 20
Olga v. Griechenland * 1903; Gem. Pauls v. Jugoslawien, S. 67, 69
- Konstantinowna v. Rußland 1851–1926; Gem. Georgs I. v. Griechenland, S. 47, 67, 76
- Nikolaijewna v. Rußland 1822–1892; Gem. Karls I. v. Württemberg, S. 13, 76

Olga Nikolaijewna v. Rußland 1895–1918, S. 76
Onorato s. Honoré
Orseolo, Frowiza † 1071; Gem. Adalberts v. Österreich, S. 4, 70
- Otto, v. Venedig † 1032, S. 70
- Peter † 1059, S. 70, 71
Orsini, Alfonsina † 1520; Gem. Peters II. v. Florenz-Medici, S. 62
- Clara † 1488; Gem. Lorenzos II. v. Florenz-Medici, S. 62
- Gerolama † 1570; Gem. Pier Luigis Farnese v. Parma, S. 64
- Giacinto Boboni-Orsini (Papst Zölestin III.), S. 66
- Giovanni Gaetano (Papst Nikolaus III.), S. 66
- Julius, S. 64
- Pietro Francesco (Papst Benedikt XIII.), S. 66
Ortenburg, Anna 1547–1604; Gem. Hartmanns v. Liechtenstein, S. 10
Orth, Johann (Johann Nepomuk Salvator v. Toscana) 1852–1890(?), S. 62
Ortrud v. Schleswig-Holstein 1925–1980; Gem. Ernst Augusts v. Hannover, S. 20
Oskar v. Preußen 1888–1958, S. 26
- I. v. Schweden 1799–1859, S. 39, 51, 52
- II. v. Schweden 1829–1907, S. 43, 51, 52
Ostia, Ugolino v. (Papst Gregor IX.), S. 66
Otakar I. v. d. Steiermark † 1083, S. 5
- II. v. d. Steiermark † 1122, S. 4, 5
- III. v. d. Steiermark † 1164, S. 5
- IV. v. d. Steiermark 1163–1192, S. 5
Ottavio Farnese v. Parma 1524–1586, S. 54, 64
Ottilie v. Katzenellenbogen † 1517; Gem. Christophs I. v. Baden, S. 12
Otto I. der Große 912–973, S. 2, 27, 36
- II. 955–983, S. 2, 27
- III. 980–1002, S. 2, 27
- IV., der Welfe 1177–1218, S. 3, 27
- II. v. Bayern, der Erlauchte 1206–1253, S. 3
- I. v. Bayern 1848–1916, S. 17
- v. Bayern (Griechenland) 1815–1867, S. 17, 67
- III. v. Brandenburg † 1267, S. 72
- IV. v. Brandenburg † 1309, S. 6, 72
- V. v. Brandenburg 1346–1379, S. 11, 16
- v. Braunschweig-Grubenhagen † 1399, S. 70
- I. v. Braunschweig-Lüneburg, das Kind 1204–1252, S. 3
- Bischof v. Freising 1109–1158, S. 4
- Franz Joseph v. Österreich 1865–1906, S. 9, 21
- v. Habsburg, der Fröhliche 1301–1339, S. 6, 11
- v. Habsburg, (Franz Joseph Otto, Otto Habsburg-Lothringen) * 1912, S. 9
- Heinrich v. d. Pfalz (Ottheinrich), der Großmütige 1502–1559, S. 14, 16
- v. Kärnten † 1004, S. 2
- III. v. Niederbayern 1261–1312, S. 6, 70, 71
- v. Österreich * 1912, S. 9

Otto v. Sachsen † 912, S. 2
- II. v. Tirol † 1310, S. 5
Ottokar I. v. Böhmen 1155–1230, S. 70, 72
- II. v. Böhmen 1230–1278, S. 4, 5, 70, 72
Oxenberg, Howard * 1919, S. 69

Pacelli, Eugenio (Papst Pius XII.), S. 66
Padilla, Maria v. † 1361; Gem. Peters I. v. Kastilien, S. 53
Pais, Sidonio, Staatspräsident v. Portugal 1918, S. 59
Pamfili, Giambattista (Papst Innozenz X.), S. 66
Paola Ruffo di Calabria * 1937; Gem. Alberts v. Belgien, S. 44
Papadopoulos, Georgios, Vertreter Konstantins II. v. Griechenland
    (Militärregierung) 1972–1973, Staatspräsident 1973, S. 67
Parhon, Constantin, Staatsoberhaupt v. Rumänien 1948–1952, S. 68
Parr, Katharina † 1548; Gem. Heinrichs VIII. v. England, S. 29
Paschalis I., Gegenpapst 687–um 692, S. 66
- I., Papst 817–824, S. 66
- II., Papst 1099–1118, S. 66
- III., Gegenpapst 1164–1168 (Guido v. Crema), S. 66
Patzek, Erika * 1911; Gem. Sigward Bernadottes, S. 51
Paul I., Papst 757–767, S. 66
- II., Papst 1464–1471 (Pietro Barbo), S. 66
- III., Papst 1534–1549 (Alexander Farnese), S. 64, 66
- IV., Papst 1555–1559, S. 66
- V., Papst 1605–1621 (Camillo Borghese), S. 66
- VI., Papst 1963–1978 (Giovanni Battista Montini), S. 66
- Alexandrowitsch v. Rußland 1860–1919, S. 67, 76
- Friedrich August v. Oldenburg 1783–1853, S. 50
- Friedrich v. Mecklenburg-Schwerin 1800–1842, S. 23, 25
- I. v. Griechenland 1901–1964, S. 20, 67
- v. Griechenland * 1967, S. 67
- v. Jugoslawien 1893–1976, S. 67, 69
- I. v. Rußland 1754–1801, S. 13, 19, 75, 77
- v. Württemberg 1785–1852, S. 13
Pauline v. Sachsen-Weimar 1852–1904; Gem. Karl Augusts v. Sachsen-Weimar, S. 22
- v. Württemberg 1800–1873; Gem. Wilhelms I. v. Württemberg, S. 13
- v. Württemberg 1810–1856; Gem. Wilhelms v. Nassau, S. 13, 43
Pecci, Gioacchino Gf. (Papst Leo XIII.), S. 66
Pedro s. Peter
Pelagius I., Papst 556–561, S. 66
- II., Papst 579–590, S. 66
Penafiel, Johanna v. † 1381; Gem. Heinrichs II. v. Kastilien, S. 53
Penthièvre, Adelheid v. 1753–1821; Gem. Ludwig Philipps II. v. Orléans, S. 35, 38
- Johann v. 1725–1793, S. 35, 63

Pereira, Beatrix † 1420; Gem. Alphons I. v. Braganza, S. 57
Perez, Ines, S. 57
Perigord, Agnes v. † 1345; Gem. d. Johann v. Durazzo, S. 70
Pertini, Alessandro, ital. Staatspräsident 1978–1985, S. 61
Pétain, Henri Philippe, Staatsoberhaupt v. Frankreich 1940–1944, S. 40
Peter II. v. Aragon 1175–1213, S. 53
- III. v. Aragon † 1285, S. 3, 53
- I. v. Brasilien (IV. v. Portugal) 1798–1834, S. 8, 39, 58, 59
- II. v. Brasilien 1825–1891, S. 58, 65
- Ferdinand v. Österreich-Toscana 1874–1948, S. 62, 65
- I. v. Florenz-Medici 1416–1469, S. 62
- II. v. Florenz-Medici 1471–1503, S. 62
- Franz v. Florenz-Medici 1431–1469, S. 62
- II. v. Jugoslawien 1923–1970, S. 67, 69
- I. Karadjordjević v. Serbien 1844–1921, S. 69
- I. v. Kastilien und Leon 1334–1369, S. 53
- Ludwig (Pier Luigi) Farnese † 1487, S. 64
- Ludwig (Pier Luigi) Farnese v. Parma 1503–1547, S. 64
- v. Oldenburg 1755–1829, S. 13, 50
- v. Orléans-Braganza 1875–1940, S. 38
- v. Orléans-Braganza * 1913, S. 38, 65
- I. v. Portugal, der Grausame 1320–1367, S. 57, 59
- II. v. Portugal 1648–1706, S. 15, 58, 59
- (III.) v. Portugal 1717–1786, S. 58
- IV. v. Portugal (I. v. Brasilien) 1798–1834, S. 8, 39, 58, 59
- V. v. Portugal 1837–1861, S. 24, 58, 59
- v. Portugal 1392–1449, S. 57
- I. v. Rußland, der Große 1672–1725, S. 75, 77
- II. v. Rußland 1715–1730, S. 75, 77
- III. v. Rußland 1728–1762, S. 50, 75, 77
- v. Rußland 1864–1931, S. 69, 76
- II. v. Sizilien 1304–1342, S. 3
Petin, Sophie (Bar. Bayrstorff) 1796–1838; Gem. Karl Theodors v. Bayern, S. 17
Petrus, Papst um 62–um 67, S. 66
Petznek, Leopold 1881–956, S. 9
Pfirt, Johanna v. 1300–1351; Gem. Albrechts II. v. Habsburg, S. 6
Philibert II. v. Savoyen 1480–1504, S. 7
Philipp Albrecht v. Württemberg 1893–1975, S. 13, 62
- Alexander v. Württemberg 1838–1917, S. 8, 13
- v. Anjou (V. v. Spanien) 1683–1746, S. 35, 55, 56, 60, 64
- I. v. Baden 1479–1533, S. 12, 14
- v. Belgien * 1960, S. 44
- I. v. Burgund 1345–1361, S. 36
- II. v. Burgund, der Kühne 1342–1404, S. 34, 36
- III. v. Burgund, der Gute 1396–1467, S. 36, 57

Philipp v. Burgund 1323–1346, S. 36
- v. Coburg 1844–1921, S. 44
- Erasmus v. Liechtenstein 1664–1704, S. 10
- Erasmus v. Liechtenstein * 1946, S. 10
- v. Flandern 1837–1905, S. 24, 44
- I. v. Frankreich 1053–1108, S. 33, 40
- II. August v. Frankreich 1165–1223, S. 33, 40
- III. v. Frankreich 1245–1285, S. 33, 40, 53
- IV. v. Frankreich, der Schöne 1268–1314, S. 33, 40
- V. v. Frankreich 1291–1322, S. 33, 40
- VI. v. Frankreich 1293–1350, S. 33, 34, 36, 40
- v. Griechenland * 1921 (Hz. v. Edinburgh), S. 31
- v. Griechenland (Glücksburg) * 1986, S. 67
- I. v. Hessen, der Großmütige 1504–1567, S. 6, 18
- v. Hessen 1896–1980, S. 18, 61
- v. Hessen-Philippsthal 1655–1721, S. 18
- v. Kärnten † 1279, S. 5
- Ludwig II. v. Hanau † 1612, S. 42
- Ludwig v. Pfalz-Neuburg 1547–1614, S. 15
- III. v. Navarra 1301–1343, S. 33
- v. Österreich, der Schöne (I. v. Spanien) 1478–1506, S. 7, 53, 54, 56
- I. v. Orléans 1640–1701, S. 14, 30, 35, 38
- II. v. Orléans 1674–1723, S. 35, 38
- v. Orléans 1838–1894, S. 38
- v. Parma 1720–1765, S. 35, 55, 64
- v. d. Pfalz, der Aufrichtige 1448–1508, S. 14
- v. Schwaben 1176–1208, S. 3, 27
- I. v. Spanien (Philipp der Schöne v. Österreich) 1478–1506, S. 7, 53, 54, 56
- II. v. Spanien 1527–1598, S. 7, 29, 34, 54, 56, 57
- III. v. Spanien 1578–1621, S. 7, 54, 56
- IV. v. Spanien 1605–1665, S. 7, 35, 54, 56
- V. v. Spanien (v. Anjou) 1683–1746, S. 35, 55, 56, 60, 64
- (Felipe) v. Spanien * 1968, S. 55
- v. Valois 1336–1375, S. 34
- Wilhelm v. Brandenburg-Schwedt 1669–1711,, S. 25
- Wilhelm v. Oranien 1554–1618, S. 37, 42
- Wilhelm v. Pfalz-Neuburg 1615–1690, S. 15, 18
- Wilhelm v. Pfalz-Neuburg 1668–1693, S. 15

Philippa v. England † 1378; Gem. Edmund Mortimers, S. 29
- v. England † 1430; Gem. Erichs X. v. Pommern (XIII. v. Schweden), S. 29, 45

Philippine Charlotte v. Preußen 1716–1801; Gem. Karls I. v. Braunschweig-Wolfenbüttel, S. 20, 25
- v. Lancaster † 1415; Gem. Johanns I. v. Portugal, S. 29, 57
- v. Luxemburg † 1311; Gem. Johanns II. v. Holland, S. 42

Philippus, Gegenpapst 768, S. 66

Phillips, Mark * 1948, S. 31
- Peter * 1977, S. 31
- Zara * 1981, S. 31

Piccolomini, Aeneas Silvius de (Papst Pius II.), S. 66
Pier, Pieter s. Peter
Pilsudski, Józef, Staatschef v. Polen 1918–1922, Diktator 1926–1935, S. 74
Pippin, der Ältere † 639, S. 1
- der Mittlere (Pippin v. Heristal) † 714, S. 1
- III., der Jüngere † 768, S. 1
- I. v. Aquitanien 803–838, S. 1
- II. v. Aquitanien 825–864, S. 1
- v. Italien 773–810, S. 1

Pius I., Papst um 140–155, S. 66
- II., Papst 1458–1464 (Aeneas Silvius de Piccolomini), S. 66
- III., Papst 1503, S. 66
- IV., Papst 1559–1565 (Giovanni Angelo de Medici), S. 66
- V., Papst 1566–1572, S. 66
- VI., Papst 1775–1799; S. 66
- VII., Papst 1800–1823 (Barnaba Gf. Chiaramonti), S. 66
- VIII., Papst 1829–1830 (Francesco Gf. Castiglioni), S. 66
- IX., Papst 1846–1878 (Giovanni Gf. Mastai-Ferretti), S. 66
- X., Papst 1903–1914 (Giuseppe Sarto), S. 66
- XI., Papst 1922–1939 (Achille Ratti), S. 66
- XII., Papst 1939–1958 (Eugenio Pacelli), S. 66
- v. Birkenfeld-Gelnhausen 1786–1837, S. 15

Plantagenet, Gottfried, v. Anjou 1113–1151, S. 28
Plochl, Anna 1804–1885; Gem. Johanns v. Österreich, S. 8
Podgorny, Nikolai, Staatsoberhaupt der UdSSR 1965–1977, S. 77
Podiebrad, Georg, Kg. v. Böhmen 1452–1471, S. 72
- Sidonie 1449–1510; Gem. Albrechts III. v. Sachsen, S. 6

Poincaré, Raymond, Staatspräsident v. Frankreich 1913–1920, S. 40
Polignac-Grimaldi, Pierre de 1895–1964, S. 41
Polyxena v. Hessen 1706–1735; Gem. Karl Emanuels III. v. Savoyen, S. 60
Poniatowski, Stanislaus (S. II. August v. Polen) † 1798, S. 50, 74
Pontianus, Papst 235–236, S. 66
Pompidou, George, Staatspräsident v. Frankreich 1969–1974, S. 40
Poppo, Erzbischof v. Trier † 1047, S. 4
- III. v. Krain † 1107, S. 5

Potocka, Julie v. 1818–1895; Gem. d. Franz v. Liechtenstein, S. 10
Pozeo della Cisterna, Maria Victoria del 1847–1876; Gem. Amadeus' I. v. Savoyen-Aosta, S. 61
Predslawa v. Kiew; Gem. d. Almos v. Ungarn, S. 70
Premislawa v. Kiew † 1015; Gem. Ladislaus' v. Ungarn, S. 70
Prigent, Geneviève * 1919; Gem. d. Michael Petrović v. Montenegro, S. 69
Pütten, Uta v.; Gem. Engelberts II. v. Kärnten, S. 5

Putiatin, Sergius Michailowisch 1892–1966, S. 76

Raczkiewicz, Ladislaus, Staatsoberhaupt v. Polen (Exilregierung) 1939–1947, S. 74
Radziwill, Barbara 1523–1551; Gem. Sigismunds II. v. Polen, S. 73
- Luise Charlotte † 1695; Gem. Karl Philipps v. Pfalz-Neuburg, S. 15
Ragnhild v. Norwegen * 1930; Gem. d. Erling Sven Lorentzen, S. 47
Raimund Berengar v. Provence † 1245, S. 53
Rainald III. v. Este-Modena 1655–1737, S. 20, 63
Rainer v. Österreich 1783–1853, S. 8, 60
Rainier III. v. Monaco * 1923, S. 41
Rainutio I. Farnese v. Parma 1569–1622, S. 64
- II. Farnese v. Parma 1630–1694, S. 63, 64
Rakoczy, Siegmund 1622–1652, S. 14
Ramolino, Laetitia 1750–1836; Gem. d. Carlo Bonaparte, S. 39
Rappoltstein, Katharina v. 1648–1683; Gem. Christians II. v. Birkenfeld-Bischweiler, S. 15
Rasumowsky, Alexeij † 1771, S. 75
Raspe, Heinrich IV., v. Thüringen 1204–1247, S. 4, 27
Ratti, Achille (Papst Pius XI.), S. 66
Rauch, Rosalie v. † 1879, S. 25
Ravenna, Wibert v. (Papst Clemens III.), S. 66
Regina v. Sachsen-Meiningen * 1925; Gem. Ottos v. Habsburg-Lothringen, S. 9
Reibnitz, Marie Christine v. * 1945; Gem. Michaels v. Kent, S. 31
Renata v. Frankreich 1510–1575; Gem. Ercoles II. v. Ferrara, S. 34, 63
- v. Lothringen 1544–1602; Gem. Wilhelms V. v. Bayern, S. 16, 46
Renatus (René) v. Bourbon-Parma 1894–1962, S. 47, 64
Renner, Karl, österreichischer Bundespräsident 1945–1950, S. 27
Rennes, Judith v. 982–1017; Gem. Richards II. d. Normandie, S. 33
Reuß, Auguste, zu Köstritz † 1862; Gem. Friedrich Franz' II. v. Mecklenburg-Schwerin, S. 23
- Caroline 1884–1905; Gem. d. Wilhelm Ernst v. Sachsen-Weimar, S. 22
- Hermine (Schönaich-Carolath) 1887–1947; Gem. Wilhelms II. v. Preußen, S. 26
- -Ebersdorf, Auguste v. † 1831; Gem. Franz Friedrichs v. Sachsen-Saalfeld-Coburg, S. 22, 44
Rey, Jean * 1914, S. 41
Reyna, Luis * 1939, S. 61
Rhedey, Klaudine v. † 1841; Gem. Alexanders v. Württemberg, S. 13
Ribar, Johann, Staatsoberhaupt v. Jugoslawien 1945–1953, S. 69
Richard v. Cambridge † 1415, S. 29
- v. Cornwall 1209–1272, S. 27, 28, (53)
- I. v. England 1157–1199, S. 28, 32
- II. v. England 1367–1400, S. 11, 29, 32, 34
- III. v. England 1452–1485, S. 29, 32
- v. England 1474–1483, S. 29
- I. d. Normandie 933–996, S. 33
- II. d. Normandie † 1027, S. 33

Richard III. d. Normandie 1001–1027, S. 33
- zu Sayn-Wittgenstein-Berleburg * 1934, S. 47
- v. York 1411–1460, S. 29

Richarda v. Kärnten † vor 1112; Gem. Poppos III. v. Krain, S. 5

Richardis im Lavantthal † 1064; Gem. Siegfrieds v. Sponheim, S. 5

Richeza v. Eppenstein; Gem. Leopolds I. v. Österreich (Babenberger), S. 4
- v. Polen † nach 1052; Gem. Belas I. v. Ungarn, S. 70
- v. Polen 1135–1185; Gem. Alphons' VII. v. Kastilien, S. 53

Riom, Armand de † 1741, S. 38

Risenfels, Melanie v. 1898–1984; Gem. Franz Salvators v. Toscana, S. 62

Robbert, Sonja-Helina * 1909; Gem. Sigward Bernadottes, S. 51

Robert v. Artois 1216–1250, S. 33
- v. Bourbon-Parma 1848–1907, S. 58, 64, 65
- I. v. Burgund 1011–1076, S. 33, 36
- II. v. Burgund † 1305, S. 33, 36
- II. v. Frankreich, der Fromme 970–1031, S. 33, 36, 40
- d. Normandie, der Teufel † 1035, S. 33
- d. Normandie 1054–1134, S. 28
- v. Orléans 1840–1910, S. 38
- v. Österreich-Este * 1915, S. 9, 61
- I. v. Schottland a. d. Hs. Bruce, S. 30
- II. Stuart v. Schottland 1316–1390, S. 30
- III. v. Schottland 1337–1406, S. 30

Roger II. v. Sizilien 1095–1154, S. 36

Rohan, Katharina v. 1578–1607; Gem. Johanns II. v. Pfalz-Zweibrücken, S. 15
- Margarethe de † 1496; Gem. Johanns v. Angoulême, S. 34
- -Rochefort, Charlotte de 1786–1841; Gem. d. Louis Antoine Henri de Condé, S. 37
- -Soubise, Charlotte de † 1760; Gem. d. Louis Joseph de Condé, S. 37.

Romanow, Maria * 1953, S. 76

Romanus, Papst 897, S. 66

Ronai, Sándor, Staatsoberhaupt v. Ungarn 1950–1952, S. 71

Roncalli, Angelo Giuseppe (Papst Johannes XXIII.), S. 66

Rosa v. Österreich-Toscana 1906–1983; Gem. Philipp Albrechts v. Württemberg, S. 13, 62

Rosen, Elsa v. * 1904; Gem. Carls v. Schweden, S. 51

Rovere, Francesco della (Papst Sixtus IV.), S. 66
- Friedrich (Federico) della 1605–1625, S. 62
- Julia della † 1563; Gem. Alphons' v. Este-Ferrara, S. 63
- Julius della (Papst Julius II.), S. 66
- Viktoria della, v. Urbino † 1694; Gem. Ferdinands II. Medici v. Toscana, S. 62

Rowallan, Elisabeth v.; Gem. Roberts II. v. Schottland, S. 30

Roye, Eleonore de 1535–1564; Gem. Ludwigs I. de Condé, S. 37

Rudolf August v. Braunschweig-Wolfenbüttel 1627–1704, S. 20
- I. v. Burgund † 912, S. 1, 36

Rudolf II. v. Burgund † 937, S. 36, 40
- III. v. Burgund † 1032, S. 36
- I. v. Habsburg 1218–1291, S. 5, 6, 27, 36
- II. v. Habsburg 1271–1290, S. 6, 72
- III. v. Habsburg ~ 1282–1307, S. 6, 33, 72
- IV. v. Habsburg 1339–1365, S. 6, 11
- II. v. Österreich 1552–1612, S. 7, 27, 71, 72
- v. Österreich 1858–1889, S. 9, 44
- v. Österreich * 1919, S. 9
- I. v. d. Pfalz 1274–1319, S. 3
- II. v. d. Pfalz 1306–1353, S. 3
- v. Rheinfelden (Schwaben) † 1080, S. 2, 27

Ruffin, Justine Eleonore 1832–1905; Gem. d. Pierre Napoleon Bonaparte, S. 39
Ruffo, Cobella (della Sessa) † 1442; Gem. Karls v. Maine, S. 34
Rupprecht v. Bayern 1869–1955, S. 17, 43
Ruprecht I. v. d. Pfalz 1309–1390, S. 3
- II. v. d. Pfalz 1325–1398, S. 3, 14
- III. v. d. Pfalz 1352–1410, S. 14, 24, 27
- v. d. Pfalz 1481–1504, S. 14, 73,
- v. d. Pfalz 1619–1682, S. 14
- v. Pfalz-Veldenz 1506–1544, S. 14
Rurik † 879, S. 75

Sabine v. Brandenburg-Ansbach 1529–1575; Gem. Johann Georgs v. Brandenburg, S. 24
- v. Württemberg 1549–1581; Gem. Wilhelms IV. v. Hessen-Kassel, S. 18
Sabinianus, Papst 604–606, S. 66
Sabran, Gersinde de † n. 1193; Gem. d. Alphons v. Provence, S. 53
Sadoveanu, Michael, Staatsoberhaupt v. Rumänien 1947–1948, S. 68
Salm, Anna Dorothea v. 1614–1655; Gem. Eberhards III. v. Württemberg, S. 13
- Hermann v., Gegenkönig 1081–1088, S. 27
- -Kyrburg, Ursula zu 1515–1601; Gem. Ruprechts v. Pfalz-Veldenz, S. 14
- -Reifferscheidt, Sidonie Elisabeth v. 1623–1688; Gem. d. Hartmann v. Liechtenstein, S. 10
- -Salm, Rosemary zu * 1904; Gem. d. Hubertus Salvator v. Österreich-Toscana, S. 62
Salomon v. Ungarn † 1087, S. 2, 70, 71
Saltikow, Peter † 1772, S. 50
Saltykowa, Praskowja † 1723; Gem. Iwans V. v. Rußland, S. 75
Saluzzo, Richarde v. † 1474, S. 63
Salviati, Maria 1499–1543; Gem. Johanns v. Florenz-Medici, S. 62
Samuel v. Ungarn † 1044, S. 70, 71
Sancha v. Kastilien ~ 1156–1208; Gem. Alphons II. v. Aragon, S. 53
- v. Provence 1225–1261; Gem. Richards v. Cornwall, S. 28, 53

Sancho III. v. Kastilien 1135–1158, S. 53
- IV. v. Kastilien und Leon 1258–1295, S. 53
Saragat, Giuseppe, Staatspräsident v. Italien 1964–1971, S. 61
Sarolta v. Siebenbürgen † n. 988; Gem. Gezas v. Ungarn, S. 70
- v. Ungarn; Gem. Samuels v. Ungarn, S. 70
Sarto, Giuseppe (Papst Pius X.), S. 66
Sartzetakis, Christos, griech. Staatspräsident seit 1985, S. 67
Schärf, Adolf, österreichischer Bundespräsident 1957–1965, S. 27
Scheel, Walter, deutscher Bundespräsident 1974–1979, S. 27
Schiwkoff, Todor, Staatsoberhaupt v. Bulgarien seit 1971, S. 68
Schöller, Henriette (Bar. Frankenburg) 1815–1875; Gem. Karl Theodors v. Bayern, S. 17
Schönaich-Carolath, Hermine v. (Reuß) 1887–1947; Gem. Wilhelms II. v. Preußen, S. 26
Schomberg, Mainhart v. † 1719, S. 14
Schwarzburg, Christiane Emilie v. 1681–1751; Gem. Adolf Friedrichs II. v. Mecklenburg-Strelitz, S. 23
- Günther v., Gegenkönig 1349, S. 27
- -Rudolstadt, Anna Sophie v. 1700–1780; Gem. d. Franz Josias v. Sachsen-Saalfeld, S. 22
- -Rudolstadt, Maria v. † 1922; Gem. Friedrich Franz' II. v. Mecklenburg-Schwerin, S. 23
Schweidnitz, Anna v. † 1362; Gem. Karls IV. v. Luxemburg-Böhmen, S. 11, 73
- Bernhard II. v. 1290–1326, S. 73
- Heinrich II. v. † 1345, S. 70, 73
Schwernik, Nikolai, Staatsoberhaupt der UdSSR 1946–1953, S. 77
Sebastian v. Portugal 1554–1578, S. 57, 59
Seefried, Augusta v. 1899–1978; Gem. Adalberts v. Bayern, S. 17
Segni, Antonio, Staatspräsident v. Italien 1962–1964, S. 61
- Lothar v. (Papst Innozenz III.), S. 66
Seitz, Karl, Staatsoberhaupt v. Österreich 1919–1920, S. 27
Sémur, Helie v. † 1109; Gem. Roberts I. v. Burgund, S. 36
Sergej Alexandrowitsch v. Rußland 1857–1905, S. 19, 76
Sergius I., Papst 687–701, S. 66
- II., Papst 844–847, S. 66
- III., Papst 904–911, S. 66
- IV., Papst 1009–1012, S. 66
Sessa, Cobella della (Ruffo) † 1442; Gem. Karls v. Maine, S. 34
Severinus, Papst 640, S. 66
Seyfert, Josepha 1748–1771, S. 15
Seymour, Jane † 1537; Gem. Heinrichs VIII. v. England, S. 29
Sforza, Mutius Attendulus, genannt –, 1369–1424, S. 63
Sibylla Auguste v. Sachsen-Lauenburg 1675–1733; Gem. Ludwig Wilhelms v. Baden, S. 12
Sibylle v. Anhalt 1564–1614; Gem. Friedrichs I. v. Württemberg, S. 13

Sibylle v. Bayern 1489–1519; Gem. Ludwigs V. v. d. Pfalz, S. 14, 16
- v. Burgund 1035–1074; Gem. Heinrichs v. Burgund, S. 36
- v. Burgund † 1150; Gem. Rogers II. v. Sizilien, S. 36
- Elisabeth v. Württemberg 1584–1606; Gem. Johann Georgs I. v. Sachsen, S. 13, 21
- v. Sachsen-Coburg 1908–1972; Gem. Gustav Adolfs v. Schweden, S. 22, 51

Siegfried v. Sponheim † 1065, S. 5
Sigismund v. Luxemburg-Böhmen 1368–1437, S. 11, 27, 71, 72, 73
- I. v. Polen 1467–1548, S. 63, 73, 74
- II. August v. Polen 1520–1572, S. 7, 73, 74
- III. Wasa v. Polen (v. Schweden) 1566–1632, S. 7, 49, 52, 73, 74
- v. Preußen 1896–1978, S. 26
- v. Schweden (III. Wasa v. Polen) 1566–1632, S. 7, 49, 52, 73, 74
- v. Tirol 1427–1496, S. 6, 30

Silfverschiöld, Niclas * 1934, S. 51
Silverius, Papst 536–537, S. 66
Silvester I., Papst 314–335, S. 66
- II., Papst 999–1003 (Gerbert v. Aurillac), S. 66
- III., Papst 1045, S. 66
- IV., Gegenpapst 1105–1111, S. 66

Simeon II. v. Bulgarien * 1937, S. 68
Simonetta, Johanna v.; Gem. d. Pier Luigi Farnese, S. 64
Simplicius, Papst 468–483, S. 66
Simpson, Wallis Warfield-Simpson, 1896–1986; Gem. Eduards VIII. v. England (Hz. v. Windsor), S. 31
Siricius, Papst 384–399, S. 66
Sisinnius Papst 708, S. 66
Sixtus I., Papst um 115–125, S. 66
- II., Papst 257–258, S. 66
- III., Papst 432–440, S. 66
- IV., Papst 1471–1484 (Francesco della Rovere), S. 66
- V., Papst 1585–1590, S. 66
- v. Bourbon-Parma 1886–1934, S. 64

Skawronskaja, Martha s. Katharina I. v. Rußland
Skule, Margaretha † 1270; Gem. Haakons IV. v. Norwegen, S. 45
Soissons, Anna Victoria v. 1684–1763; Gem. Joseph Friedrichs v. Sachsen-Hildburghausen, S. 60
- Marie v. † 1692; Gem. d. Thomas Franz v. Savoyen-Carignan, S. 37, 60

Solms, Eleonore v. 1871–1937; Gem. Ernst Ludwigs v. Hessen-Darmstadt, S. 19
- -Baruth, Viktoria Luise zu * 1921, S. 22
- -Braunfels, Anna v. 1602–1657; Gem. Friedrich Heinrichs v. Oranien, S. 42
- -Laubach, Agnes v. † 1602; Gem. d. Moritz v. Hessen-Kassel, S. 18

Sommerlath, Silvia * 1943; Gem. Carls XVI. Gustav v. Schweden, S. 51
Sonja v. Norwegen (Sonja Haraldsen) * 1937; Gem. Haralds v. Norwegen, S. 47

Sophie Amalie v. Braunschweig 1628–1685; Gem. Friedrichs III. v. Dänemark, S. 20, 46
- v. Anhalt-Zerbst (Katharina II. v. Rußland) 1729–1796; Gem. Peters III. v. Rußland, S. 50, 75
- (Sofie) Antonie v. Braunschweig-Wolfenbüttel 1724–1802; Gem. Ernst Friedrichs v. Sachsen-Saalfeld, S. 20, 22
- Auguste v. Anhalt-Zerbst 1663–1694; Gem. d. Johann Ernst III. v. Sachsen-Weimar, S. 22
- (Sofie) v. Bayern † 1145; Gem. Bertholds III. v. Zähringen und Leopolds I. v. d. Steiermark, S. 3, 5
- v. Bayern 1376–1425; Gem. Wenzels IV. v. Böhmen, S. 11, 16
- v. Bayern 1805–1872; Gem. Franz Karls v. Österreich, S. 8, 9, 17
- in Bayern 1847–1897; Gem. Ferdinands v. Alençon-Orléans, S. 17, 38
- (Sofie) Charlotte v. Brandenburg-Bayreuth 1713–1747; Gem. Ernst Augusts I. v. Sachsen-Weimar, S. 22
- Charlotte v. Braunschweig-Wolfenbüttel 1694–1715; Gem. d. Alexeij Petrowitsch v. Rußland, S. 20, 75
- Charlotte v. Hannover 1668–1705; Gem. Friedrichs I. v. Preußen, S. 20, 25
- Charlotte v. Hessen-Kassel 1678–1749; Gem. Friedrich Wilhelms v. Mecklenburg, S. 18, 23
- Charlotte v. Mecklenburg-Strelitz 1744–1818; Gem. Georgs III. v. England, S. 23, 30
- Charlotte v. Oldenburg 1879–1964; Gem. Eitel Friedrichs v. Preußen, S. 25, 26
- Dorothea v. Celle (Ahlden) 1666–1726; Gem. Georgs I. v. England, S. 20, 30
- Dorothea v. Hannover 1687–1757; Gem. Friedrich Wilhelms I. v. Preußen, S. 25, 30
- Eleonore v. Sachsen 1609–1671; Gem. Georgs II. v. Hessen-Darmstadt, S. 18, 21
- Friederike v. Mecklenburg-Schwerin 1758–1794; Gem. d. Erbprinzen Friedrich v. Dänemark, S. 23, 47
- v. Griechenland * 1914; Gem. Christophs v. Hessen und Georg Wilhelms v. Hannover, S. 18, 20, 67
- v. Griechenland * 1938; Gem. d. Juan Carlos v. Spanien, S. 55, 67
- (Sofie) v. Holstein 1722–1763; Gem. Georgs v. Oldenburg, S. 50
- Laskaris v. Byzanz; Gem. Friedrichs II. v. Österreich, S. 4
- Luise v. Mecklenburg-Schwerin † 1735; Gem. Friedrichs I. v. Preußen, S. 23, 25
- Magdalene v. Dänemark 1746–1813; Gem. Gustavs III. v. Schweden, S. 47, 50
- v. Mecklenburg 1508–1541; Gem. d. Ernst v. Braunschweig, S. 20
- v. Mecklenburg-Güstrow † 1631; Gem. Friedrichs II. v. Dänemark, S. 46
- v. Nassau 1836–1913; Gem. Oskars II. v. Schweden, S. 43, 51
- v. Nürnberg; Gem. Friedrichs III. v. Nürnberg, S. 24
- d. Niederlande 1824–1897; Gem. Karl Alexanders v. Sachsen-Weimar, S. 22, 43
- v. d. Pfalz 1630–1714; Gem. Ernst Augusts v. Hannover, S. 14, 20, 30
- Philippine v. Frankreich 1734–1782, S. 35
- v. Polen † 1198; Gem. Waldemars I. v. Dänemark, S. 45
- v. Polen 1464–1512; Gem. Friedrichs V. v. Brandenburg-Ansbach, S. 73

Sophie v. Pommern † 1568; Gem. Friedrichs I. v. Dänemark, S. 46
- v. Preußen 1719–1765; Gem. Friedrich Wilhelms v. Brandenburg, S. 25
- v. Preußen 1870–1932; Gem. Konstantins I. v. Griechenland, S. 26, 67
- v. Rußland 1657–1704, S. 75, 77
- v. Sachsen 1845–1867; Gem. Carl Theodors in Bayern, S. 17, 21
- v. Ungarn † 1095; Gem. d. Magnus v. Sachsen, S. 70
- v. Württemberg 1759–1828; Gem. Pauls I. v. Rußland, S. 13, 75
- v. Württemberg 1818–1877; Gem. Wilhelms III. d. Niederlande, S. 13, 43

Soter, Papst 166–175, S. 66
Spencer, Diana * 1961; Gem. Charles' v. England, S. 31
Špiljak, Mika, jugosl. Staatsoberhaupt 1983–1984, S. 69
Spinola, Antonio de, Staatspräsident v. Portugal 1974, S. 59
Spychalsky, Marian, Staatsoberhaupt v. Polen 1968–1970, S. 74
Stambolić, Petar, jugosl. Staatsoberhaupt 1982–1983, S. 69
Stanislaus II. August v. Polen (Poniatowski) Kg. 1764–1795, S. 50, 74
- Leszczynski, Kg. v. Polen 1704–1709, S. 74

Stanko v. Montenegro † 1851, S. 69
Stephan I., Papst 254–257, S. 66
- II., Papst 752–757, S. 66
- III., Papst 768–772, S. 66
- IV., Papst 816–817, S. 66
- V., Papst 885–891, S. 66
- VI., Papst 896–897, S. 66
- VII., Papst 928–931, S. 66
- VIII., Papst 939–942, S. 66
- IX., Papst 1057–1058 (Friedrich v. Lothringen), S. 66
- Báthory v. Siebenbürgen 1533–1586, S. 73, 74
- II. v. Bayern 1317–1375, S. 3, 16
- v. d. Pfalz 1385–1459, S. 14
- v. Ungarn 1235–1272, S. 70
- I. v. Ungarn, der Heilige 975–1038, S. 2, 70, 71
- II. v. Ungarn † 1131, S. 70, 71
- III. v. Ungarn 1147–1173, S. 4, 70, 71
- IV. v. Ungarn † 1165, S. 70, 71
- V. v. Ungarn 1240–1272, S. 70, 71

Stephanie v. Baden (de Beauharnais) 1789–1860; Gem. Karls v. Baden, S. 12, 39
- v. Belgien 1864–1945; Gem. Rudolfs v. Österreich, S. 9, 44
- v. Hohenzollern-Sigmaringen 1837–1859; Gem. Peters V. v. Portugal, S. 24, 58
- v. Monaco * 1965, S. 41

Sternberg, Leopoldine v. 1733–1809; Gem. Franz Josephs I. v. Liechtenstein, S. 10
Stobhall, Annabella v. † 1401; Gem. Roberts III. v. Schottland, S. 30
Stoica, Chiru, Staatsoberhaupt v. Rumänien 1965–1967, S. 68
Stoja † 1813; Gem. d. Milan Obrenović, S. 69
Strachwitz, Arthur Gf., S. 10
Straub, Bruno, Staatsoberhaupt v. Ungarn seit 1988, S. 71

Streschnewa, Eudoxia † 1645; Gem. Michaels I. v. Rußland, S. 75
Stuart, Elisabeth 1596–1662; Gem. Friedrichs V. v. Pfalz-Simmern, S. 14, 30
- Maria 1542–1587; Gem. Franz' II. v. Frankreich, d. Henry Darnley und d. James Bothwell, S. 30, 34
Stubel, Ludmilla; Gem. Johann Orths, S. 62
Suffolk, Franziska v.; Gem. d. Heinrich Gray, S. 29
- Karl Brandon v. † 1545, S. 29
Supplinburg, Gertrud v. 1115–1143; Gem. Heinrichs II. Jasomirgott v. Österreich und Heinrichs X. v. Bayern, S. 3, 4
- Lothar III. v., deutscher König 1125–1137, S. 27
Susa, Adelheid v. † 1091; Gem. Hermanns IV. v. Schwaben, S. 2
Susanne v. Bayern 1502–1543; Gem. Otto Heinrichs v. d. Pfalz, S. 14, 16
Sverre v. Norwegen 1152–1202, S. 45, 48
Svoboda, Ludvik, Staatsoberhaupt der Tschechoslowakei 1968–1975, S. 72
Swanhilt; Gem. Heinrichs I. von Österreich, S. 4
Swerdlow, Jakow, Staatsoberhaupt d. UdSSR 1917–1919, S. 77
Swinford, Katharina † 1403; Gem. Johanns v. Gent, S. 29
Symmachus, Papst 498–514, S. 66
Szakasits, Arpad, Staatsoberhaupt v. Ungarn 1948–1950, S. 71

Taksony v. Ungarn † 972, S. 70
Tascher de la Pagerie, Josephine (de Beauharnais) 1763–1814; Gem. Napoleons I., S. 39
Tassilo III. v. Bayern † 794, S. 1
Tatjana v. Liechtenstein * 1973, S. 10
- Nikolajewna v. Rußland 1897–1918, S. 76
Teck, Alexander v. (Earl of Athlone) 1874–1957, S. 13, 31
- Franz v. 1837–1900, S. 13, 30
- Maria (Mary) v. 1867–1953; Gem. Georgs V. v. England, S. 13, 31
- Ruprecht v. 1907–1928, S. 13
Telesphorus, Papst um 125–136, S. 66
Teodor s. Theodor
Theoderich, Gegenpapst 1100–1102, S. 66
Theobald v. Arles † 887/95, S. 1
Theodor I., Papst 642–649, S. 66
- II., Gegenpapst 687, S. 66
- II., Papst 897, S. 66
- (Teodor Tešu) Mihailović † 1802, S. 69
- Salvator v. Österreich-Toscana 1899–1978, S. 62
- v. Sulzbach 1659–1732, S. 15
Theodora Komnena v. Byzanz † 1184; Gem. Heinrichs II. Jasomirgott v. Österreich, S. 4
- v. Byzanz † 1246; Gem. Leopolds VI. v. Österreich, S. 4
- v. Griechenland 1906–1969; Gem. Bertholds v. Baden, S. 12, 67

Theodora v. Griechenland (Glücksburg) * 1983, S. 67
Theodosio I. v. Braganza † 1563, S. 57
Theodosio II. v. Braganza 1568–1630, S. 57
Theophano v. Byzanz † 991; Gem. Ottos II., S. 2
Theophylactus, Gegenpapst 757, S. 66
Theresa (Teresa) v. Kastilien 1070–1130; Gem. Heinrichs v. Burgund, S. 36
Therese Charlotte v. Sachsen-Hildburghausen 1792–1854; Gem. Ludwigs I. v. Bayern, S. 17, 23
- Kunigunde v. Polen 1676–1730; Gem. Maximilians II. Emanuel v. Bayern, S. 16
- v. Liechtenstein 1850–1938; Gem. d. Arnulf Franz Joseph v. Bayern, S. 10, 17
- v. Österreich-Este 1773–1832; Gem. Viktor Emanuels I. v. Savoyen, S. 60, 63
- v. Österreich-Este 1817–1886; Gem. Heinrichs v. Chambord, S. 35, 63
- v. Sachsen-Altenburg 1836–1914; Gem. d. August v. Schweden, S. 51
- v. Savoyen 1803–1879; Gem. Karls II. v. Parma, S. 60, 64
- v. Sizilien 1822–1889; Gem. Peters II. v. Brasilien, S. 58, 65
Theresia v. Liechtenstein 1694–1772; Gem. Emanuels v. Savoyen-Carignan, S. 10, 60
Thiers, Adolfe, Staatspräsident v. Frankreich 1871–1873, S. 40
Thomas Franz v. Savoyen-Carignan 1596–1656, S. 37, 60
- v. Savoyen-Genua 1854–1931, S. 17, 61
Thun, Eleonore Barbara v. 1661–1723; Gem. d. Anton Florian v. Liechtenstein, S. 10
Thurn und Taxis, Elisabeth Helene v. 1903–1976; Gem. Friedrich Christians v. Sachsen, S. 21
- Marie Auguste v. 1706–1756; Gem. Karls I. Alexander v. Württemberg, S. 13
- Maximilian v. † 1867, S. 17
Thyra v. Dänemark 1853–1933; Gem. Ernst Augusts v. Cumberland, S. 20, 47
Tildy, Zoltan, Staatsoberhaupt v. Ungarn 1946–1948, S. 71
Tito, Josip Broz, Staatsoberhaupt v. Jugoslawien 1953–1980, S. 69
Tomacelli, Pietro (Papst Bonifatius IX.), S. 66
Tomás, Amerigo, Staatspräsident v. Portugal 1958–1974, S. 59
Tomislaw v. Jugoslawien * 1928, S. 12, 69
Torby, Nadeshda de 1896–1963; Gem. d. Georg Mountbatten, S. 19, 76
Tornabuoni, Lukretia † 1482; Gem. Peters I. v. Florenz-Medici, S. 62
Torsano, Lucia v.; Gem. d. Mutius Attendulus Sforza, S. 63
Toselli, Enrico 1883–1926, S. 62
Tott, Klara † 1520, S. 14
Tour d'Auvergne, Magdalene de la † 1519; Gem. Lorenzos v. Urbino, S. 62
- Marie Anna de la 1708–1728; Gem. Johann Christians v. Sulzbach, S. 15
- Mauritia de la 1652–1706; Gem. Maximilians v. Leuchtenberg, S. 16
Touraine, Johann v. 1398–1417, S. 42
Trajkoff, Georgi, Staatsoberhaupt v. Bulgarien 1964–1971, S. 68
Trani, Ludwig v. (Bourbon-Sizilien) 1838–1886, S. 17, 65
Trapani, Franz v. 1827–1892, S. 62, 65
Trémoille, Charlotte de La 1558–1629; Gem. Heinrichs I. de Condé, S. 37
Troppau, Margarethe v. † 1363; Gem. Johann Heinrichs v. Mähren, S. 11
Tschernenko, Konstantin, Staatsoberhaupt d. UdSSR 1984–1985, S. 77

Tudor, Edmund 1430–1456, S. 29, 34
- Owen † 1461, S. 29, 34
Tunderfeldt, Wilhelmine Rhodis v. 1777–1822; Gem. Wilhelms v. Württemberg, S. 13
Turenne, Mathilde v. † 1160; Gem. Hugos II. v. Burgund, S. 36
Tusculum, Theophylakt Gf. v. (Päpste Benedikt VIII. u. IX.), S. 66
- Johannes Gf. v. (Papst Benedikt X.), S. 66

Ulrich I. v. Kärnten † 1144, S. 5
- II. v. Kärnten um 1176–1202, S. 5
- III. v. Kärnten † 1269, S. 4, 5
Ulrike Eleonore v. Dänemark 1656–1693; Gem. Karls XI. v. Schweden, S. 46, 49
- Eleonore v. Schweden 1688–1741; Gem. Friedrichs I. v. Hessen-Kassel (Schweden), S. 18, 49, 52
Ulster, Isabella v. † 1363; Gem. d. Lionel v. Clarence, S. 29
Umberto s. Humbert
Urban I., Papst 222–230, S. 66
- II., Papst 1088–1099 (Odo de Lagny), S. 66
- III., Papst 1185–1187, S. 66
- IV., Papst 1261–1264, S. 66
- V., Papst 1362–1370 (Guillaume de Grimoard), S. 66
- VI., Papst 1378–1389, S. 66
- VII., Papst 1590, S. 66
- VIII., Papst 1623–1644, S. 66
Urraca v. Portugal † 1188; Gem. Ferdinands II. v. Kastilien, S. 53
Ursinus, Gegenpapst 366–367, S. 66
Ursula v. Sachsen-Lauenburg † 1620; Gem. Heinrichs v. Braunschweig-Dannenberg, S. 20
Uta v. Calw; Gem. Welfs VI., S. 3
Utrecht, Adriaan Floriszoon v. (Papst Hadrian VI.), S. 66

Valentin, Papst 827, S. 66
Valerie v. Österreich-Toscana * 1941; Gem. Maximilians v. Baden, S. 12, 62
Vallière, Louise Franziska de la † 1710, S. 35
Varteig, Inge v. † 1234, S. 45
Vaudémont, Louise v. 1553–1601; Gem. Heinrichs III. v. Frankreich, S. 34
Velasco, Anna v. † 1607; Gem. Theodos' II. v. Braganza, S. 57
Veldenz, Anna v. † 1439; Gem. Stephans v. d. Pfalz, S. 14
Vergy, Adelheid v. † 1251; Gem. Eudos III. v. Burgund, S. 36
Victoria s. Viktoria
Vigilius, Papst 537–555, S. 66
Viktor I., Papst um 189–199, S. 66
- II., Papst 1055–1057, S. 66
- III., Papst 1086–1087 (Desiderius v. Benevent), S. 66

Viktor IV., Gegenpapst 1138, S. 66
- IV., Gegenpapst 1159–1164 (Oktavian), S. 66
- Amadeus I. v. Savoyen 1587–1637, S. 35, 60
- Amadeus II. v. Savoyen 1666–1732, S. 38, 60
- Amadeus III. v. Savoyen 1726–1796, S. 55, 60
- Amadeus I. v. Savoyen-Carignan 1690–1741, S. 60
- Amadeus II. v. Savoyen-Carignan 1743–1780, S. 60
- Emanuel II. v. Italien 1820–1878, S. 8, 61
- Emanuel III. v. Italien 1869–1947, S. 61, 69
- Emanuel I. v. Savoyen 1759–1824, S. 60, 63
- Emanuel v. Savoyen * 1937, S. 61

Viktoria Adelheid v. Schleswig-Holstein 1885–1970; Gem. Karl Eduards v. Sachsen-Coburg, S. 22, 31, 47
- v. Baden 1862–1930; Gem. Gustavs V. v. Schweden, S. 12, 51
- v. England 1819–1901; Gem. Alberts v. Sachsen-Coburg-Gotha, S. 22, 30, 31, 32, 44
- v. England, Princess Royal 1840–1901; Gem. Friedrichs III. v. Preußen, S. 25, 26, 31
- Eugenia v. Battenberg 1887–1969; Gem. Alphons' XIII. v. Spanien, S. 19, 55
- Franziska v. Savoyen 1690–1766; Gem. Viktor Amadeus' I. v. Savoyen-Carignan, S. 60
- v. Hessen-Darmstadt 1863–1950; Gem. Ludwigs v. Battenberg, S. 19
- Louise v. Frankreich 1733–1799, S. 35
- Luise v. Preußen 1892–1980; Gem. Ernst Augusts v. Braunschweig, S. 20, 26
- Melita v. Sachsen-Coburg-Gotha 1876–1936; Gem. Ernst Ludwigs v. Hessen-Darmstadt und Kirills v. Rußland, S. 19, 31, 76
- v. Preußen 1866–1929; Gem. d. Adolf v. Schaumburg-Lippe u. d. Alexander Zoubkoff, S. 26
- v. Sachsen-Coburg-Gotha 1822–1857; Gem. Ludwigs v. Orléans, S. 38, 44
- v. Schweden * 1977, S. 51

Vinzenz I. Gonzaga v. Mantua 1562–1612, S. 62
Violante Beatrix v. Bayern 1673–1731; Gem. Ferdinands Medici v. Toscana, S. 16, 62
Virginia Medici v. Toscana 1568–1615; Gem. Caesars v. Este-Modena, S. 62, 63
Visconti, Bianca Maria † 1468; Gem. Franz' I. Sforza v. Mailand, S. 63
- Elisabeth † 1432; Gem. Ernsts v. Bayern, S. 16
- Tebald (Papst Gregor X.), S. 66
- Valentine, v. Mailand 1366–1408; Gem. Ludwigs v. Orléans, S. 34
- Viridis, v. Mailand † 1414; Gem. Leopolds III. v. Habsburg, S. 6
Viseu, Eleonore de 1458–1525; Gem. Johanns II. v. Portugal, S. 57
- Ferdinand de 1433–1470, S. 57
- Isabella de 1459–1521; Gem. Ferdinands II. v. Portugal, S. 57
Vitalian, Papst 657–672, S. 66
Vlajković, Radovan, jugosl. Staatsoberhaupt 1985–1986, S. 69
Vohburg, Kunigunde v. † 1184; Gem. Ottokars III. v. d. Steiermark, S. 5
Vollenhoven, Pieter van * 1939, S. 43

Vollenhoven, Bernhard * 1969, S. 43
- Floris * 1975, S. 43
- Pieter-Christian * 1972, S. 43
Vrbica, Kristinja; Gem. Stankos v. Montenegro, S. 69
Vukomanović, Ljubica 1788–1843; Gem. d. Miloš v. Serbien, S. 69
Vukotić, Milena 1847–1923; Gem. Nikolaus' I. v. Montenegro, S. 69

Wake, Margarethe † 1349; Gem. d. Edmund v. Kent, S. 28
Waldburg-Wolfegg, Elisabeth v. * 1904; Gem. Maximilians v. Hohenberg, S. 9
- -Zeil, Marie Therese v. * 1901; Gem. Theodor Salvators v. Toscana, S. 62
Waldeck, Charlotte Johanna v. 1664–1699; Gem. Johann Ernsts v. Sachsen-Saalfeld, S. 22
- Emma v. (Emma d. Niederlande) 1858–1934; Gem. Wilhelms III. d. Niederlande, S. 43
- Helene v. 1861–1922; Gem. Leopolds v. Albany, S. 22, 31
- Maria v. † 1882; Gem. Wilhelms II. v. Württemberg, S. 13
Waldemar v. Dänemark 1858–1939, S. 38, 47
- I. v. Dänemark 1131–1182, S. 45, 48
- II. v. Dänemark 1170–1241, S. 45, 48
- IV. v. Dänemark † 1375, S. 45, 48
- v. Preußen 1889–1945, S. 26
Waldheim, Kurt, österr. Bundespräsident, S. 27
Waldrada; Konkubine Lothars II. v. Lothringen, S. 1
Walewska, Maria 1786–1817, S. 39
Walewski, Alexander Florian 1810–1868, S. 39
Wallenstein, Albrecht v. † 1634, S. 23
Wallersee, Henriette v. 1833–1891; Gem. Ludwigs in Bayern, S. 17
- Marie Louise v. 1858–1940; Gem. d. Georg Larisch v. Moennich, S. 17
Walram I. v. Nassau † 1198, S. 42
Walters, Lucy † 1658, S. 30
Wangen, Agnes v.; Gem. Heinrichs v. Tirol, S. 5
Wasa, Gustav 1799–1877, S. 12, 50
- Caroline 1833–1907; Gem. Alberts v. Sachsen, S. 21, 50
- Sophie 1801–1865; Gem. Leopolds v. Baden (-Hochberg), S. 12, 50
Weizsäcker, Richard v., dt. Bundespräsident seit 1984, S. 27
Welf II. † 1030, S. 3
- III. † 1055, S. 3
- IV. 1030–1101, S. 3, 33
- V. 1073–1120, S. 3
- VI. 1115–1191, S. 3
- VII. † 1167, S. 3
Welser, Philippine 1527–1580; Gem. Ferdinands v. Tirol, S. 7
Wenzel I. v. Böhmen 1205–1253, S. 3, 72
- II. v. Böhmen 1271–1305, S. 6, 72

Wenzel III. v. Böhmen und Ungarn 1289–1306, S. 71, 72
- IV. v. Böhmen-Luxemburg 1361–1419, S. 11, 16, 27, 72
Werner, Katharina 1799–1850; Gem. Ludwigs I. v. Baden, S. 12
Westmoreland, Caecilia v. † 1495; Gem. Richards v. York, S. 29
Wijkmark, Kerstin * 1910; Gem. Carl Johanns v. Schweden, S. 51
Wilczek, Georgine v. * 1921; Gem. Franz Josephs II. v. Liechtenstein, S. 10
Wilhelm Alexander d. Niederlande * 1967, S. 43
- v. Baden 1829–1897, S. 12, 39
- v. Baden 1792–1859, S. 12, 13
- v. Baden-Baden 1593–1677, S. 12
- I. v. Bayern (V. v. Holland) nach 1332–1389, S. 16, 42
- II. v. Bayern (VI. v. Holland) 1365–1417, S. 16, 36, 42
- IV. v. Bayern, der Standhafte 1493–1550, S. 12, 16
- V. v. Bayern, der Fromme 1548–1626, S. 16, 46
- v. Beck-Glücksburg 1785–1831, S. 47
- v. Birkenfeld-Gelnhausen 1752–1837, S. 15, 17
- v. Braunschweig-Lüneburg, der Jüngere 1535–1592, S. 20, 46
- v. Braunschweig-Wolfenbüttel 1806–1884, S. 20
- v. Dänemark (Georg I. v. Griechenland) 1845–1913, S. 47, 67, 76
- I. v. England 1027–1087, S. 28, 32, 33
- II. v. England, der Rote 1060–1100, S. 28, 32
- III. v. England (Oranien) 1650–1702, S. 30, 32, 42
- IV. v. England 1765–1837, S. 30, 32
- v. England 1102–1120, S. 28
- v. England * 1982, S. 31
- Ernst v. Sachsen-Weimar 1662–1728, S. 22
- Ernst v. Sachsen-Weimar 1876–1923, S. 22
- Friedrich v. Dillenburg 1613–1664, S. 42
- III. Gonzaga v. Mantua 1538–1587, S. 7
- v. Habsburg 1370–1406, S. 6, 70
- IV. v. Hessen-Kassel 1532–1592, S. 18
- V. v. Hessen-Kassel 1602–1637, S. 18, 42
- VI. v. Hessen-Kassel 1629–1663, S. 18, 24
- VII. v. Hessen-Kassel 1651–1670, S. 18
- VIII. v. Hessen-Kassel 1682–1760, S. 18
- IX. (I.) v. Hessen-Kasssel 1743–1821, S. 18, 47
- II. v. Hessen-Kassel 1777–1847, S. 18, 25
- v. Hessen-Kassel 1787–1867, S. 18, 47
- v. Hohenzollern-Sigmaringen 1864–1927, S. 17, 24, 65, 68
- I. v. Holland 1165–1222, S. 42
- II. v. Holland 1227–1256, S. 3, 27, 42
- III. v. Holland 1280–1337, S. 34, 42
- IV. v. Holland 1307–1345, S. 42
- V. v. Holland (I. v. Bayern) nach 1332–1389, S. 16, 42
- VI. v. Holland (II. v. Bayern) 1365–1417, S. 16, 36, 42

Wilhelm v. Lüneburg 1184–1213, S. 3, 45
- Ludwig v. Württemberg 1647–1677, S. 13, 18
- v. Luxemburg 1852–1912, S. 43, 58
- v. Luxemburg (Guillaume) * 1963, S. 43
- v. Luxemburg (Guillaume) * 1981, S. 43
- v. Mecklenburg-Schwerin † 1879, S. 23, 25
- v. Nassau 1792–1839, S. 13, 23, 43
- I. d. Niederlande 1772–1843, S. 25, 42, 43
- II. d. Niederlande 1792–1849, S. 42, 43, 75
- III. d. Niederlande 1817–1890, S. 13, 42, 43
- v. Oldenburg 1754–1823, S. 50
- I. v. Oranien 1533–1584, S. 42
- II. v. Oranien 1626–1650, S. 30, 42
- III. v. Oranien (England) 1650–1702, S. 30, 32, 42
- IV. Friso v. Oranien 1711–1751, S. 30, 42
- V. Batavus v. Oranien 1748–1806, S. 25, 42
- I. v. Preußen 1797–1888, S. 22, 25, 27
- II. v. Preußen 1859–1941, S. 26, 27, 47
- v. Preußen 1882–1951, S. 23, 26
- III. v. Sachsen 1425–1482, S. 6
- v. Sachsen-Weimar 1598–1662, S. 22
- v. Schweden 1884–1965, S. 51, 76
- I. v. Württemberg 1781–1864, S. 13, 17, 75
- II. v. Württemberg 1848–1921, S. 13
- v. Württemberg 1761–1830, S. 13

Wilhelmina d. Niederlande 1880–1962; Gem. Heinrichs v. Mecklenburg-Schwerin, S. 23, 42, 43

Wilhelmine Amalie v. Braunschweig-Lüneburg 1673–1742; Gem. Josephs I. v. Österreich, S. 8, 20
- v. Baden 1788–1836; Gem. Ludwigs II. v. Hessen-Darmstadt, S. 12, 19
- v. Dänemark 1808–1891; Gem. Friedrichs VII. v. Dänemark, S. 47
- Ernestine v. Dänemark 1650–1706; Gem. Karls I. v. Pfalz-Simmern, S. 14, 46
- Friederike Sophie v. Preußen 1709–1758; Gem. Friedrichs v. Brandenburg-Bayreuth, S. 25
- v. Hessen-Darmstadt 1755–1776; Gem. Pauls I. v. Rußland, S. 19, 75
- v. Preußen 1751–1820; Gem. Wilhelms V. v. Oranien, S. 25, 42
- v. Preußen 1774–1837; Gem. Wilhelms I. d. Niederlande, S. 25, 43

Willa v. Niederburgund † v. 929; Gem. Rudolfs I. v. Hochburgund, S. 1, 36

William s. Wilhelm

Windischgraetz, Otto v. 1873–1952, S. 9
- Elisabeth v. (Österreich) 1883–1963, S. 9

Wiśniowiecki, Michael, Kg. v. Polen 1669–1673, S. 7, 74

Witzleben, Esther Marie v. † 1725; Gem. Johann Karls v. Birkenfeld-Gelnhausen, S. 15

Wladimir Alexandrowitsch v. Rußland 1847–1909, S. 23, 76

Wladimir Kirillowitsch v. Rußland * 1917, S. 76
Wladislaw II. v. Böhmen † 1175, S. 4, 72
- III. v. Böhmen † 1222, S. 72
- IV. Jagello v. Böhmen (II. v. Ungarn) 1456–1516, S. 71, 72, 73
- v. Mähren † 1247, S. 4, 72
- I. Lokietek v. Polen 1260–1333, S. 73, 74
- II. v. Polen (Jagiello v. Litauen) 1354–1434, S. 73, 74
- III. v. Polen (I. v. Ungarn) 1423–1444, S. 6, 71, 73, 74
- IV. v. Polen (Ladislaus IV. Wasa) 1595–1648, S. 7, 73, 74
- VII. v. Pommern † 1394/95, S. 45
- I. v. Ungarn (III. v. Polen) 1423–1444, S. 71, 73, 74
- II. v. Ungarn (IV. v. Böhmen) 1456–1516, S. 71, 72, 73
Wojciechowski, Stanislaw, Staatsoberhaupt v. Polen 1922–1926, S. 74
Wojtyla, Karol (Papst Johannes Paul II.), S. 66
Wolfgang v. Hessen * 1896, S. 12, 18
- v. Pfalz-Zweibrücken 1626–1669, S. 14, 15, 18
- Wilhelm v. Pfalz-Neuburg 1578–1653, S. 15, 16
Wonlarsky, Natalie 1858–1921; Gem. Georg Alexanders v. Mecklenburg, S. 23
Wood, Marie Therese * 1910; Gem. Ernsts v. Hohenberg, S. 9
Woodville, Elisabeth † 1492; Gem. Eduards IV. v. England, S. 29
Woroschilow, Kliment Jefremowitsch, Staatsoberhaupt der UdSSR 1953–1960, S. 77
Worsley, Katharina; Gem. Eduards v. Kent, S. 31
Wrede, Anna Gabriele * 1940; Gem. Rudolfs v. Habsburg-Lothringen, S. 9
Wulfhild v. Sachsen † 1126; Gem. Heinrichs des Schwarzen v. Bayern, S. 3, 70

Xenia Alexandrowna v. Rußland 1875–1960; Gem. d. Alexander Michailowitsch, S. 76
- Georgiewna v. Rußland 1903–1965, S. 76

Zacharias, Papst 741–752, S. 66
Zamora, Alcalá, Staatspräsident v. Spanien 1931–1936, S. 56
Zapolya, Barbara v. † 1515; Gem. Sigismunds I. v. Polen, S. 73
- Johann v., ung. Gegenkg. 1526–1540, S. 71
Zapotocky, Antonín, Staatsoberhaupt der Tschechoslowakei 1953–1957, S. 72
Zawadzki, Alexander, Staatsoberhaupt v. Polen 1952–1964, S. 74
Zephyrinus, Papst um 199–217, S. 66
Zita v. Bourbon-Parma * 1892; Gem. Karls I. v. Österreich, S. 9, 64
Zölestin I., Papst 422–432, S. 66
- II., Gegenpapst 1124, S. 66
- II., Papst 1143–1144, S. 66
- III., Papst 1191–1198 (Giacinto Boboni-Orsini), S. 66
- IV., Papst 1241 (Goffredo Castiglioni), S. 66
- V., Papst 1294 (Peter v. Murrone), S. 66

Zoitakis, Georgios, Vertreter Konstantins II. v. Griechenland (Militärregierung) 1967–1972, S. 67
Zorka v. Montenegro 1864–1890; Gem. Peters I. v. Serbien, S. 69
Zosimus, Papst 417–418, S. 66
Zoubkoff, Alexander 1900–1936, S. 26
Zsolt (Zoltán) v. Ungarn † 947, S. 70
Zurita y Delgado, Carlos * 1943, S. 55
Zwentibold v. Lothringen † 900, S. 1, 2

REGISTER NACH LÄNDERN UND FAMILIEN

(aufgenommen wurden Familien, die in den Stammtafeln mit mindestens drei Generationen vertreten sind)

Angoulême 34
Anjou 33, 34, 70
" -Plantagenet 28
Aragon 53
" Übersicht 53
Arpaden 70
Aviz 57
Babenberger 4
" Übersicht 4
Baden (-Baden, -Durlach, -Hochberg) **12**
" Übersicht 12
Battenberg 19
Bayern 2, 3, **16, 17**
" Herzogl. Haus 15, 17
" Übersicht 16
Belgien 44
" Übersicht 44
Bernadotte 51
Birkebeiner 45
Birkenfeld (-Bischweiler, -Gelnhausen, -Zweibrücken) 15, 17
Blois 28
Böhmen 7-9, 11, **72**
" Regententabelle 72
" Übersicht 72
" **-Luxemburg 11**
Bonaparte 39
Bourbonen 35, 55, 65
Bourbon-Parma 64
Braganza 38, 57, 58
Brandenburg-Bayern 16
Böhmen (Preußen) 24, 25, 26
" -Schwedt 25
Brasilien 58
Braunschweig 3, **20**
" (-Wolfenbüttel, -Dannenberg, -Lüneburg, -Hannover) 20
" Übersicht 20

Bulgarien 68
Bulgarien, Regententabelle 68
" Übersicht 68
Burgund 36, 57
" Übersicht 36
Condé, Conti 37
Dänemark 45, **46, 47**
" **Regententabelle 48**
" Übersicht 46
Deutschland, Regententabelle 27
England, 28-31, 33
" **Regententabelle 32**
" Übersicht 28
Este (-Ferrara, -Modena) 63
" Übersicht 63
Farnese 64
Folkunger 45
Fränkisches Haus s. Salier
Frankreich 1, **33-39**
" **Regententabelle 40**
" Übersicht 33
Glücksburg 47, 67
Görz 5
Gonzaga v. Mantua 62
Griechenland 67
" Regententabelle 67
" Übersicht 67
Grimaldi-Goyon de Matignon 41
Großbritannien 30, 31
Habsburger 6-9, 54
" Übersicht 6
Habsburg-Lothringen 8, 9
Hannover 20, 30
Hessen-Darmstadt 18, 19
" -Kassel 18
" Übersicht 18
Hohenberg 9
Hohenstaufen 3

" Übersicht 3
Hohenzollern 24-26
" -Sigmaringen 24, 68
" Übersicht 24
Holland 16, 42
" Übersicht 42
Holstein-Augustenburg 47
" -Gottorp 50
Italien 1, 61
" Regententabelle 61
" Übersicht 60
Jagellonen 73
Jugoslawien 69
" Regententabelle 69
Kärnten 2, 5
" Übersicht 5
Kapetinger 33, 36
Karlisten 55
Karolinger 1
" Übersicht 1
Kastilien u. Leon 53
" Übersicht 53
Kirchenstaat 66
Konradiner s. Salier
Kurpfalz (alte Kurlinie) 14
Kursachsen 21
Lancaster 28, 29
Leuchtenberg 39
Liechtenstein 10
" Übersicht 10
" Regententabelle 10
Liudolfinger s. Ottonen
Lothringen 38
Luitpoldinger s. Wittelsbacher
Lützelburger 11
Luxemburg (Böhmen) 11
" Übersicht 11
Luxemburg (Nassau) 43
" Übersicht 43
Mailand (Sforza) 63
" Übersicht 63
Mecklenburg (-Schwerin, -Strelitz) **23**
" Übersicht 23
Medici v. Florenz 62
Modena (Este, Österreich-Este) **63**

Monaco 41
" Übersicht 41
Montenegro 69
" Übersicht 69
Montenuovo 8
Mountbatten 19
Nassau (-Dietz, -Oranien, -Luxemburg) 42, 43
Neapel 65, 70
Neapel-Sizilien 65
" Übersicht 65
Niederlande 43
" Regententabelle 42
" Übersicht 42
Normannen 28, 33
Norwegen 45, 47
" **Regententabelle 48**
" Übersicht 45
Nürnberg 24
Obotriten s. Mecklenburg
Oldenburg 46, 47, 50
Oranien 42
" Übersicht 42
Orléans 38
" -Braganza 38
Österreich 4, 5, 6-9
" **Regententabelle 27**
" -Este 63
" -Toscana 62
Ostfranken 1
Ottonen 2
" Übersicht 2
Päpste, Übersicht 66
Parma 64
" Übersicht 64
Pfalz 3, 14, 15
" -Neuburg 15
" -Simmern 14
" -Zweibrücken 14, 15, 17, 49
" Übersicht 14
Pfalzbayern 15
Piasten 73
Polen 73
" **Regententabelle 74**
" Übersicht 73

Portugal 57, 58
" **Regententabelle 59**
" Übersicht 57
Preußen 24-26
Provence 53
Přzemysliden 72
Romanow 75, 76
Rumänien 68
" Regententabelle 68
Rumänien, Übersicht 68
Rußland 75, 76
" **Regententabelle 77**
" Übersicht 75
Sachsen 3, 6, 21, 22
" Übersicht 21
" albert. Linie 6, 21
" ernest. Linie 6, 22
" -Coburg 22, 31, 44, 58, 68
" -Hildburghausen 23
" -Weimar 22
Sächsisches Haus s. Ottonen
Salier 2
" Übersicht 2
Sardinien 60
Savoyen 60, 61
" -Carignan 60
" -Aosta 61

Schleswig-Holstein 47
Schottland 30
" Übersicht 30
Schwaben 2, 3, 4
Schweden 45, 49, 50, 51
" **Regententabelle 52**
" Übersicht 49
Serbien 69
" Regententabelle 69
" Übersicht 69
Sforza v. Mailand 63
Sizilien 3, 65
" Übersicht 65
Skandinavien 45
Soissons 60
Spanien 7, 54, 55
" **Regententabelle 56**
" Übersicht 54
Sponheim-Lavantthal 5
Staufer 3
Steiermark 5, 6, 7
" Übersicht 5
Stuarts 30
Sulzbach 15
Teck 13
Tirol 5, 6, 7
" Übersicht 5

BÖHLAU

Jean Paul Bled

Franz Joseph

„Der letzte Monarch der alten Schule"

Aus dem Französischen von Marie-Therese Pitner und Daniela Homan
1988. 617 Seiten. 8 Seiten SW-Abb. Geb.
ISBN 3-205-05117-3

Günther Hödl

Habsburg und Österreich 1273–1493

Gestalten und Gestalt des österreichischen Spätmittelalters

1988. Ca. 256 Seiten. 8 SW-Abbildungen. Geb.
ISBN 3-205-05056-8

Robert J. W. Evans

Das Werden der Habsburgermonarchie 1550–1700

Gesellschaft, Kultur, Institutionen

(Forschungen zur Geschichte des Donauraumes, Band 6)
1986. 472 Seiten. Ln.
ISBN 3-205-06389-9

Robert A. Kann

Geschichte des Habsburgerreiches 1526–1918

(Forschungen zur Geschichte des Donauraumes, Band 4)

Zweite Auflage 1982. 620 Seiten. Karten im Text. Brosch.
ISBN 3-205-07123-9

David F. Good

Der wirtschaftliche Aufstieg des Habsburgerreiches 1750–1914

(Forschungen zur Geschichte des Donauraumes, Band 7)

1986. 290 Seiten. Zahlreiche Tabellen im Text. Ln. m. SU.
ISBN 3-205-06390-2

William M. Johnston

Österreichische Kultur- und Geistesgeschichte

Gesellschaft und Ideen im Donauraum 1848–1938

Mit einem Geleitwort von Friedrich Heer. Dritte Auflage 1984.
504 Seiten. Brosch.
ISBN 3-205-00017-X

Böhlau Verlag Ges. m. b. H. & Co. KG, Dr. Karl Lueger-Ring 12, A-1011 Wien
Böhlau Verlag GmbH & Cie, Niehler Straße 272–274, D-5000 Köln 60

BÖHLAU

Brigitte Sokop

Jene Gräfin Larisch ...

Marie Louise Gräfin Larisch-Wallersee
Vertraute der Kaiserin – Verfemte nach Mayerling

Zweite, verbesserte Auflage 1988. 554 Seiten.
76 SW-Abbildungen auf Tafeln, 4 Stammtafeln. Geb.
ISBN 3-205-05115-7

Ein halbes Jahrhundert lang wehrte sie sich dagegen, als „jene Gräfin Larisch" in die Geschichte einzugehen, der man alle Schuld nach der Katastrophe von Mayerling in die Schuhe schob ... Dieses Buch bringt das außergewöhnliche Leben einer Frau, die als Nichte von Franz Joseph I. und Kaiserin Elisabeth den Glanz des Wiener Fin de siècle ebenso kennengelernt hatte wie die Dürftigkeit eines Augsburger Altenasyls. Ein faszinierendes, skandalumwittertes Schicksal, das hier aufgrund neu entdeckter Dokumente erstmals exakt aufgezeichnet wird und eine der letzten Tragödien des Habsburgerreiches aus einem neuen Blickwinkel zeigt.

Heinrich Baltazzi-Scharschmid/Hermann Swistun

**Die Familien Baltazzi-Vetsera
im kaiserlichen Wien**

1980. 385 Seiten. 124 SW-Abbildungen auf 48 Tafeln. Geb.
ISBN 3-205-07160-3

Hermann Swistun

Mary Vetsera

Gefährtin für den Tod

1983. 179 Seiten. 37 SW-Abbildungen. Graphiken im Text.
Stammtafel auf Vorsatz. Geb.
ISBN 3-205-07211-1

Lavender Cassels

Der Erzherzog und sein Mörder

Sarajevo, 28. Juni 1914

1988. 300 Seiten. Geb. m. SU.
ISBN 3-205-01205-4

Böhlau Verlag Ges. m. b. H. & Co. KG, Dr. Karl Lueger-Ring 12, A-1011 Wien
Böhlau Verlag GmbH & Cie, Niehler Straße 272–274, D-5000 Köln 60